... Títulos relacionados

HOTR0408 COCINA

[DISPONIBLE CERTIFICADO COMPLETO]

Solicítalos en
- Librería
- www.paraninfo.es
- Solicitudes nacionales +34 914 463 350
- Solicitudes fuera de España +34 913 308 907
                                   +34 913 308 919

Elaboraciones básicas de repostería y postres elementales

Raquel Herreros González
Tomás Mayordomo Feliu
Asier Mazorriaga Rama

Paraninfo

© 2025 Ediciones Paraninfo, S. A.
© 2025 Raquel Herreros González, Tomás Mayordomo Feliu y Asier Mazorriaga Rama
2.ª edición, 2025

Maquetación: Ediciones Nobel, S. A.

Impresión: Liberdigital (Casarrubuelos, Madrid)

ISBN: 978-84-283-6414-0
Depósito legal: M-23547-2025

Impreso en España

Índice

Introducción normativa

La Ley Orgánica 3/2022, de 31 de marzo, de ordenación e integración de la Formación Profesional, contiene una disposición derogatoria única que afecta a la regulación de los certificados de profesionalidad, ahora denominados **Certificados Profesionales.** La referida normativa deroga la Ley Orgánica 5/2002, de 19 de junio, de las Cualificaciones y de la Formación Profesional, y abre un escenario de cambios que se irán implementando progresivamente.

La Ley Orgánica 3/2022, de 31 de marzo, de ordenación e integración de la Formación Profesional implica que toda la formación es acumulable. La oferta formativa se estructura de forma escalonada, siendo los Certificados Profesionales un nivel intermedio (Grado C) de una escala que va desde el Grado A hasta el E.

En los artículos 35 a 38 de la Ley 3/2022 se describe en qué consisten estos Certificados Profesionales: su oferta, formación asociada, estructura, duración, acceso, titulación y validez. Posteriormente, esta normativa se completa con lo dispuesto en el Real Decreto 659/2023, de 18 de julio, que desarrolla la ordenación del sistema de Formación Profesional. Concretamente en los artículos 67 a 81 es donde se hace referencia a la oferta formativa de Grado C, correspondiente a los Certificados Profesionales.

Están agrupados en 26 familias profesionales con características comunes del sector. En la actualidad hay más de medio millar de Certificados Profesionales incluidos en el Repertorio Nacional. Esta cifra no deja de crecer. Además, cada certificado está específicamente regulado por un real decreto.

Un Certificado Profesional corresponde al Grado C de la oferta del Sistema de Formación Profesional. Es un documento oficial, con validez en todo el territorio nacional y debe constar en el Catálogo Nacional de Ofertas de Formación Profesional, que certifica la capacitación para el desarrollo de una actividad profesional.

Debe detallar los módulos profesionales superados y los estándares de competencia profesional asociados a él e incluidos en el **Catálogo Nacional de Estándares de Competencias Profesionales**, así como su correspondencia con el Marco Español de Cualificaciones.

Despliegan su validez en un doble ámbito, laboral y académico:

- En el contexto laboral tienen validez profesional, porque acreditan las competencias en una determinada profesión. Para poder trabajar en algunas profesiones, se exigen determinadas cualificaciones, y los certificados sirven para acreditarlas.

- Asimismo, tienen validez académica, puesto que permiten continuar un itinerario formativo siempre que se cumplan los requisitos de acceso para cursar la titulación deseada. De tal modo que, los Certificados Profesionales que sean parte de un Grado D permitirán la matrícula modular para completar los módulos establecidos en el currículo y obtener el correspondiente título de técnico básico, técnico o técnico superior con validez en todo el territorio nacional.

Para obtener un Certificado Profesional (Grado C) es preciso cumplir con los requisitos de acceso para realizar la formación.

Estructura de los Certificados Profesionales

I. Identificación: denominación, familia y área profesional a la que pertenecen; nivel de cualificación profesional (1, 2 o 3); cualificación profesional de referencia; entorno profesional y módulos formativos que esté previsto cursar junto con la duración de cada uno de ellos.

II. Perfil profesional: incluye las competencias profesionales requeridas en el mercado laboral. En todas ellas se concretan las realizaciones profesionales y los criterios de realización.

III. Formación: describe los módulos formativos que esté previsto cursar para adquirir las competencias requeridas. En cada uno de ellos se indican las capacidades que se pretende alcanzar y la duración del módulo de prácticas no laborales —PNL—, para el que cabe solicitar exención si se cumplen determinados requisitos.

IV. Prescripciones de las personas formadoras.

V. Requisitos mínimos de espacios, instalaciones y equipamiento.

Los Certificados Profesionales se identifican con una denominación concreta y un código alfanumérico propio, y sirven para acreditar una determinada cualificación profesional. Cada certificado está asociado a una relación de unidades de competencia que, a su vez, se vinculan con una serie de módulos formativos específicos. Algunos módulos están integrados por unidades formativas y tanto unos como otras son, en ocasiones, transversales, lo que significa que se trata de contenidos incluidos en más de un Certificado Profesional.

Los Certificados Profesionales se articulan en tres niveles de competencia profesional (1, 2 y 3) conforme a lo dispuesto en el que será el Catálogo Nacional de Estándares de Competencias Profesionales, anteriormente Catálogo Nacional de Cualificaciones Profesionales (CNCP), según los criterios establecidos de conocimientos, iniciativa, autonomía y complejidad de las tareas, en cada una de las ofertas de Formación Profesional.

La oferta formativa dirigida a la obtención de los Certificados Profesionales tiene carácter modular para favorecer la acreditación parcial acumulable de la formación recibida y posibilitar así el avance en el itinerario de Formación Profesional para cualquiera que sea la situación laboral de cada persona en cada momento.

En definitiva, el Grado C constituye la oferta, parcial y acumulable, del sistema de Formación Profesional, de varios módulos profesionales del catálogo modular de Formación Profesional por razón de su significado en el mercado laboral y conducente a la obtención de un Certificado Profesional.

Las ofertas de Grado C de Formación Profesional tendrán por objeto módulos profesionales incluidos previamente en el catálogo modular de formación profesional y asociados al Catálogo Nacional de Estándares de Competencias Profesionales.

Finalidad de los Certificados Profesionales

- Contribuir a la ordenación de un Sistema de Formación Profesional al servicio de un régimen de formación y acompañamiento profesionales que sea capaz de responder con flexibilidad a los intereses, expectativas y aspiraciones de cualificación profesional de las personas a lo largo de su vida.

- Combinar escuela y empresa situando a la persona en el centro del sistema.

- Facilitar el aprendizaje permanente de toda la ciudadanía mediante una formación abierta, flexible y accesible, estructurada de forma modular, a través de la oferta formativa asociada al certificado.

- Acreditar las cualificaciones profesionales o las unidades de competencia recogidas en estas, independientemente de su vía de adquisición, bien sea a través de la vía formativa, o mediante la experiencia laboral o vías no formales de formación.

- Favorecer, tanto a nivel nacional como europeo, la transparencia del mercado de trabajo.

- Contribuir a la calidad de la oferta de Formación Profesional.

Este libro

El presente libro desarrolla la Unidad Formativa: **Elaboraciones básicas de repostería y postres elementales, Código:** UF0069, **Duración:** 40 horas.

Corresponde al Módulo Formativo denominado Técnicas culinarias (MF0261_2), asociado a la Unidad de Competencia UC0261_2 Preparar elaboraciones básicas de múltiples aplicaciones y platos elementales, perteneciente a la Cualificación Profesional de referencia HOTO93_2 Cocina, incluida en el Certificado de Profesionalidad HOTRO408 Cocina, regulado por el Real Decreto 1376/2008, de 1 de agosto, modificado por el Real Decreto 619/2013, de 2 de agosto.

La estructura organizativa de los contenidos corresponde fielmente a la establecida por la normativa vigente y más concretamente a los contenidos de la Unidad Formativa **Elaboraciones básicas de repostería y postres elementales**.

Contenido

1. **Maquinaria, batería, utillaje y herramientas propias de repostería**
   - Características de la maquinaria utilizada.
   - Batería, distintos moldes y sus características.
   - Utillaje y herramientas.

2. **Materias primas**
   - Harina: distintas clases y usos.
   - Mantequilla y otras grasas.
   - Distintos tipos de azúcar y otros edulcorantes.
   - Cacao y derivados: distintos tipos de cobertura de chocolate.
   - Distintos tipos de fruta y productos derivados (mermeladas, confituras, frutas confitadas, pulpas, etc.).
   - Almendras y otros frutos secos.
   - Huevos y ovoproductos.
   - Gelatinas, especias…
   - Distintas clases de «mix».
   - Productos de decoración.

3. **Preparaciones básicas de múltiples aplicaciones propias de repostería**
   - Materias primas empleadas en repostería.
   - Principales preparaciones básicas. Composición y elaboración. Factores a tener en cuenta en su elaboración y conservación. Utilización.
   - Preparaciones básicas de múltiples aplicaciones a base de: azúcar, cremas, frutas, chocolate, almendras, masas y otras. Composición, factores a tener en cuenta en su elaboración, conservación y utilización.
   - Preparaciones básicas elaboradas a nivel industrial.

4. **Técnicas de cocinado empleadas en la elaboración de preparaciones de múltiples aplicaciones de repostería y postres elementales**
   - Asar al horno.
   - Freír en aceite.
   - Saltear en aceite y en mantequilla.
   - Hervir y cocer al vapor.

5. **Postres elementales**
   - Importancia del postre en la comida. Distintas clasificaciones.
   - Aplicación de las respectivas técnicas y procedimientos de ejecución y control para la obtención de los postres elementales más representativos de repostería.

6. **Regeneración de productos utilizados en repostería**
   - Regeneración: definición.
   - Clases de técnicas y procesos.
   - Identificación de equipos asociados.
   - Fases de los procesos, riesgos en la ejecución y control de resultados.
   - Realización de operaciones necesarias para la regeneración.
   - Postres y otros productos preparados. Distintas clases.

7. **Presentación y decoración de postres elementales**
   - Técnicas a utilizar en función de la clase de postre.
   - Utilización de manga, *cornets,* «biberones» y otros utensilios.
   - Cremas, chocolates y otros productos y preparaciones empleados en decoración.
   - Importancia de la vajilla.

■ Nota del Editor

En Ediciones Paraninfo estamos comprometidos con la calidad de la formación e intentamos que nuestros materiales respondan fielmente y con rigor a las necesidades de todos cuantos confían en nuestro sello editorial.

Tratamos de dar respuesta a los currículos de las unidades formativas y de los módulos que integran los distintos Certificados Profesionales, equilibrando la parte teórica con la práctica para que los procesos de aprendizaje se conviertan en experiencias gratificantes, tanto para docentes como para las personas inmersas en los procesos formativos.

Nuestros objetivos son contribuir de forma decisiva a afianzar aprendizajes, ayudar a adquirir destrezas que tengan significado para el empleo y conseguir potenciar el desarrollo personal.

Para lograrlo contamos con excelentes autores, expertos en las materias que abordan, en la mayoría de los casos docentes de dichas especialidades con dilatada experiencia tanto profesional como académica, porque buscamos perfiles familiarizados con los contextos laborales concretos a los que se refieren nuestros manuales.

Confiamos en poder serte de ayuda y esperamos tus impresiones acerca de nuestro trabajo. Sean positivas o negativas, serán muy bien recibidas y, sin duda, nos ayudarán a seguir mejorando y trabajando con ilusión para continuar siendo un referente en formación para el empleo.

Agradecemos tu confianza en nuestros manuales. Todo nuestro equipo queda a tu total disposición. Puedes contactar con nosotros en esta dirección de correo electrónico:

info@paraninfo.es

1. Maquinaria, batería, utillaje y herramientas propias de repostería

Contenidos

INTRODUCCIÓN

En la repostería necesitamos una serie de elementos que nos ayudarán a realizar las diferentes elaboraciones básicas. Estos elementos están comprendidos en diferentes grupos, los cuales podremos clasificar en maquinaria, mobiliario, equipos y herramientas.

Como es fácil de comprender, cada elemento que forma la pastelería tiene unas características y funciones particulares, las cuales se deberán conocer a la perfección, primero para evitar cualquier accidente a la hora de su manipulación, y segundo porque se podrá obtener un mayor provecho de tales máquinas y utensilios, ayudando con ello a reducir tiempos y hacer un trabajo más rápido, profesional.

Existen máquinas y utensilios de un alto coste; por tanto, es importante realizar una estimación de la maquinaria que realmente vamos a necesitar en el obrador, del trabajo a realizar en la empresa, del aprovisionamiento de materias primas y de la conservación de estas, y de las elaboraciones a realizar.

1.1. CARACTERÍSTICAS DE LA MAQUINARIA UTILIZADA

Los elementos de mayor tamaño y, por tanto, de mayor coste que forman el obrador los podremos englobar en generadores de calor, generadores de frío y máquinas auxiliares.

Los generadores de calor son los que dan el tratamiento de calor a gran parte de las elaboraciones realizadas en la pastelería, es decir, se encargan de los tipos de cocción a realizar dependiendo de cada diferente elaboración. Con ellos podemos realizar muchas técnicas, dependiendo del generador de calor y de las funciones de este.

La Figura 1.1 muestra un esquema con los generadores de calor que podemos distinguir.

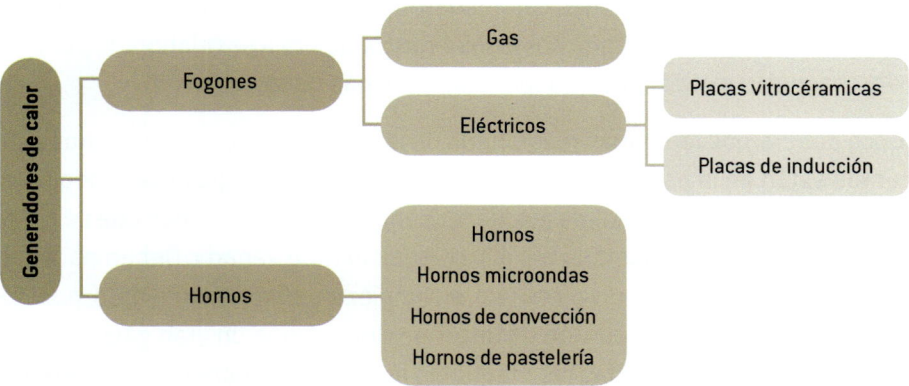

Figura 1.1. Esquema de los distintos generadores de calor.

Los productos elaborados, las materias primas y todo lo que necesite de una conservación en frío deberán almacenarse correctamente con los generadores de frío, ya sea para un proceso de mantenimiento, o para adquirir el frío necesario después de su elaboración dando lugar a postres de unas características esenciales.

Diferenciamos tres bloques de generadores de frío, que llevarán a cabo tres funciones correlativamente: conservar, congelar y mixta. La Figura 1.2 muestra un esquema con los tres sistemas de generación de frío que acabamos de mencionar.

Los generadores de frío nos ayudan a la conservación de las materias primas y de los productos elaborados que necesitan ciertas temperaturas, ya sea para su consumo inmediato o para su conservación de almacenamiento por producción. Entre ellos diferenciamos los sistemas de conservación, los sistemas de congelación y los sistemas mixtos.

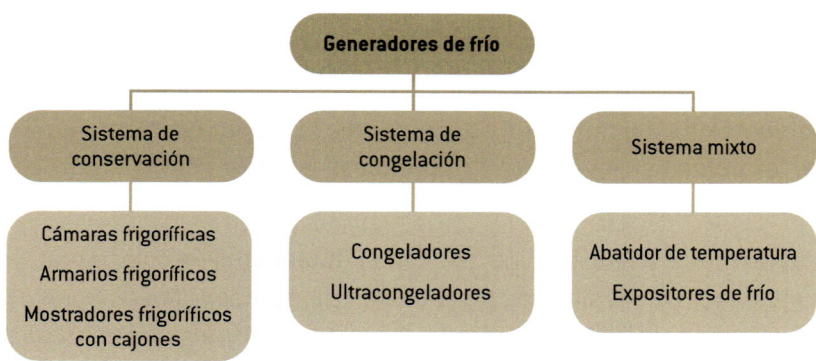

Figura 1.2. Clasificación de los sistemas de frío.

Por último, hablaremos de la maquinaria auxiliar que encontramos dentro del obrador. Estas máquinas se caracterizan por ser de grandes dimensiones, lo que permite poder elaborar grandes cantidades, optimizando el trabajo, ya que este pasa de ser manual elaborado por el maestro pastelero a ser elaborado por una máquina que lo realizará de una forma mucho más rápida.

Nunca deberemos tener más maquinaria de la necesaria, puesto que estos elementos están en la pastelería para ayudar y no para ser un gasto añadido para la empresa. Entre la maquinaria auxiliar encontramos las máquinas que se citan en la Figura 1.3. La maquinaria auxiliar puede ser muy variada. Debemos tener especial cuidado en lo relativo a su uso, su limpieza y su mantenimiento, puesto que la reparación o la reposición de una máquina supone un gran gasto para el obrador. Normalmente, todas las máquinas auxiliares disponen de un sistema de protección para evitar accidentes.

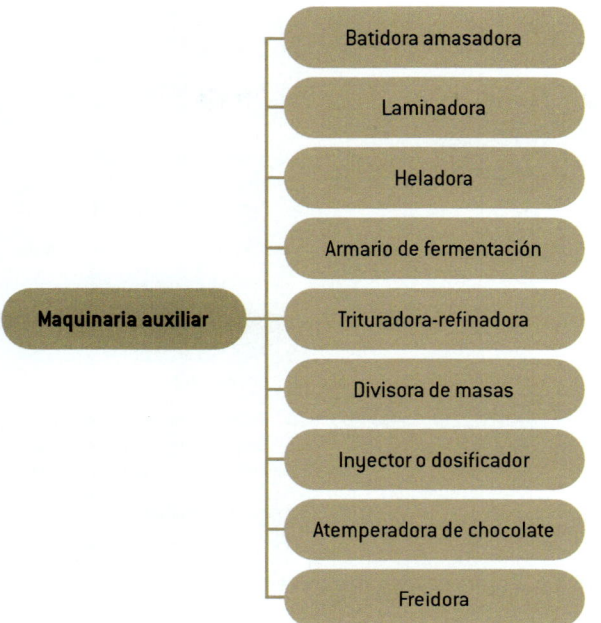

Figura 1.3. Cuadro de maquinaria auxiliar.

Los generadores de calor ya mencionados anteriormente serán los encargados de las cocciones y de la finalización de las elaboraciones que lo necesiten en pastelería.

La maquinaria auxiliar es el gran apoyo dentro del obrador para agilizar el trabajo.

1.1.1. Cámaras frigoríficas o generadores de frío

Este grupo de maquinaria pertenece al sistema de conservación. Estas máquinas se caracterizan por ser las de mayor tamaño y las que componen el obrador, donde almacenaremos las materias primas y las elaboraciones. Es importante mantener una buena organización en las cámaras frigoríficas, introduciendo las materias primas en cajones y bandejas de acero inoxidable o de plástico termorresistentes.

Las materias primas estarán debidamente organizadas diferenciando lácteos, verduras, carnes, pescados y productos elaborados. Nunca deberán juntarse en una misma bandeja ni estantería, ya que pueden adquirir olores y sabores entre ellos. Es muy importante seguir las normas técnico-sanitarias de almacenamiento de materias primas y productos de pastelería.

Este tipo de cámara se caracteriza por ser de tal amplitud que el trabajador podrá entrar en ella para aprovisionarse de materias primas y para almacenarlas. Diferenciamos dos tipos de cámaras frigoríficas: fijas y desmontables.

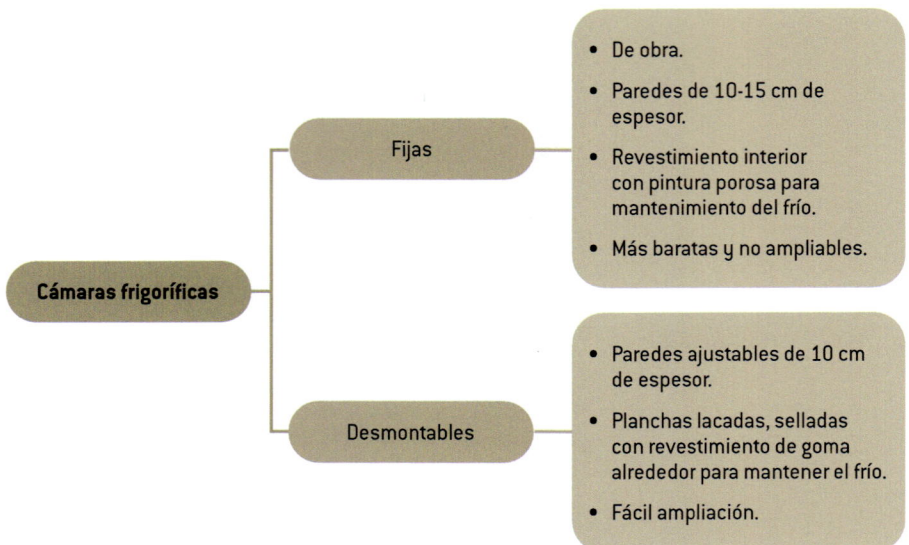

Figura 1.4. Cuadro de los generadores de frío.

Armarios frigoríficos

Estos son módulos formados con timbres o puertas con entrada independiente. Los timbres están revestidos por el interior con duraluminio y por la zona exterior son siempre de acero inoxidable. Sus medidas no tendrán una profundidad superior a 80 cm y pueden llegar a los 2 metros de altura. Las dimensiones más usuales suelen ser 80 cm de profundidad y 90 cm de altura, con un plano de trabajo por encima donde se realizarán las preelaboraciones y las elaboraciones de pastelería; la cámara será un apoyo a la hora de mantener la temperatura de algunas materias primas que es primordial que no pierdan su cadena de frío.

Congeladores

Entre estos generadores de frío del sistema de congelación diferenciamos entre:

- **Congeladores.** Mantienen la temperatura entre -18 °C y -20 °C. Se utilizan para la conservación corta de materias primas. Es decir, no más de 6-9 meses dependiendo del producto. Dentro de los congeladores podemos diferenciar estos modelos:

  - **Armario vertical.** Tiene medidas gastronorm y está formado por guías que facilitan un almacenamiento ordenado y la visualización de las materias primas. Para optimizar el congelador tiene el inconveniente de que el espacio entre las guías es muy reducido, por lo que no deberíamos congelar productos de gran tamaño y altura.

– **Arcón.** Cubo rectangular de gran tamaño con tapa superior, también conocido como congelador horizontal. Se utiliza para el almacenaje de materias primas en grandes cantidades que no necesiten de una base. Resulta difícil de organizar puesto que no tiene ningún tipo de separación en la amplitud de la cubeta. Por tanto, no se puede llegar a realizar un buen control de la materia prima.

Figura 1.5. Es importante descongelar cada cierto tiempo los arcones para evitar la escarcha de las tapas y laterales del arcón.

– **Conservadores de helados y sorbeteras.** En realidad, aunque entren dentro de la variedad de congeladores, estas máquinas no mantienen las mismas temperaturas; sus temperaturas son las óptimas para que los sorbetes y los helados se mantengan para su utilización inmediata o diaria.

• **Ultracongeladores.** Mantienen una temperatura entre -38 °C y -40 °C. Este tipo de generadores de frío se utilizan en empresas industriales de productos congelados y ultracongelados.

Sistema mixto

En esta categoría podemos englobar los siguientes elementos:

• **Abatidores de temperatura.** Generador de frío empleado en bajar rápidamente la temperatura de diferentes elaboraciones: *mousses*, tartas, cremas, etcétera. Su funcionamiento es igual al de un horno a convección, pero al revés, es decir, genera frío y unas turbinas lo dispersan por el habitáculo con el objetivo de que el alimento pase de 65-70 °C a por debajo de 5 °C en menos de noventa minutos. También existen abatidores que llegan a temperaturas de -18 °C en el corazón del producto en menos de cuatro horas, evitando que las moléculas de agua formen cristales que pueden perjudicar el alimento. Este tipo de abatidores se denominan células de congelación rápida.

• **Expositores de frío.** Son cámaras frigoríficas que sirven para la conservación de tartas, postres o elaboraciones varias que se vayan a utilizar en el día. Se utilizan para exponer las diferentes elaboraciones a la venta para que mantengan la cadena de frío, con una temperatura que oscila entre los 6 °C y los 8 °C. Son cámaras de pie con bandejas con rejilla y sus paredes son de cristal resistente al frío.

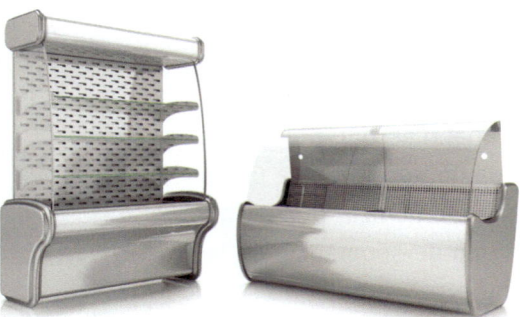

Figura 1.6. Podremos encontrarlos de diferentes modelos y tamaños.

1.1.2. Hornos y generadores de calor

Sus características se describen en los apartados siguientes.

Hornos

Los hornos son grandes generadores de calor y los encargados de realizar las cocciones con calor seco directo. Existen muchas variedades de hornos y todos ofrecen un alto rendimiento en las elaboraciones básicas de pastelería.

- **Horno microondas.** El funcionamiento del microondas se basa en la irradiación de ondas electromagnéticas que hacen que unas moléculas llamadas polares se agiten millones de veces por segundo dando lugar a su calentamiento. El agua es el elemento que más moléculas polares contiene y a su vez nos referimos a los alimentos, ya que están compuestos en su mayoría por agua.

Figura 1.7. Los hornos de pisos podremos encontrarlos de diferentes números de pisos.

Es por esta causa que los alimentos se calienten de dentro afuera y no al contrario, como sucede con el resto de generadores de calor.

- **Horno.** Es un generador de calor indirecto empleado en la cocción de bollería, pan, bizcochos y tartas calientes, además de aquellas cocciones que requieran este tipo de calor. Existen hornos de gas, eléctricos o mixtos. Podemos encontrar diferentes tipos de hornos:

  - Horno tradicional.

  - Horno de convección forzada.

  - Horno de vapor.

  - Horno mixto de convección-vapor.

  - Horno de pastelería o pizzeros.

Los **hornos tradicionales** son hornos generalmente de gas donde el calor tiende a repartirse de forma desigual por todo el habitáculo. No son muy fiables en cuanto a temperatura se refiere y necesitan un calentamiento previo.

Los **hornos de convección forzada** son generadores de calor directo, generalmente eléctricos, que contienen una turbina para hacer circular el calor de manera uniforme por todo el habitáculo. La temperatura del horno está controlada por un termostato que se regula de forma analógica o digital, mientras que la duración de la cocción está regulada por un minutero equipado con un timbre de fin de cocción.

Los **hornos mixtos de convección-vapor** suelen ser hornos de convección forzada a los que se les suma la posibilidad de aportar vapor generalmente de una manera controlada. Son elementos bien sellados para que el vapor no se escape y admiten cierta presión en su interior. La temperatura, al igual que en el caso anterior, suele reflejarse en un dispositivo digital, pudiendo además disponer de una sonda para medir la temperatura en el interior del producto. Este tipo de hornos es en la actualidad el más utilizado por las ventajas que nos aporta como:

* Cocción de preparaciones al vacío.

* Cocciones a baja temperatura y con tiempos muy controlados.

* Regeneración de platos precocinados.

Los **hornos de pastelería** están formados por placas que producen el calor mediante resistencias. También se controlan con termostatos. Son los hornos más clásicos, usados en los obradores, y constan de dos o tres módulos. Cuenta con una base en la parte inferior donde almacenar las bandejas de horno. Su limpieza y su mantenimiento son sencillos.

Fogones

Los fogones aplican un calor directo a la elaboración realizada que suele ir siempre acompañado de algún elemento líquido que aporta humedad a las elaboraciones: agua, aceite, leche, etcétera.

* **Gas propano, butano o gas natural.** Es la maquinaria más económica que existe en el mercado en comparación con otros tipos de fogones. Su limpieza debe ser diaria y esta es más costosa, ya que los hierros que cubren los fogones tienen una mayor dificultad a la hora de su limpieza. En las cocinas tradicionales son los más usados ya que el utillaje que se utiliza para cocinar encima de ellos es el más corriente dentro de la cocina.

* **Eléctricos.** Son de más alto coste, su temperatura es más fácil de controlar y calientan antes el utillaje a utilizar y, por tanto, la elaboración que vayamos a realizar en ellos. Diferenciamos entre:

Figura 1.8. En pastelería las usamos con cable para que sean portátiles.

- **Vitrocerámica.** Calor producido mediante resistencias eléctricas. Necesitan de un utillaje específico.

- **Placas de inducción.** Calor producido por ondas electromagnéticas. Necesitan de un utillaje específico.

Baño maría

Generador de calor indirecto, compuesto por un receptáculo estanco con agua caliente, donde se colocan recipientes para mantener calientes los alimentos durante el servicio. Puede ser a gas o eléctrico, con toma de agua directa o indirecta.

1.1.3. Batidora amasadora

Pertenece al grupo de la maquinaria auxiliar. Tiene tres funciones: amasar, batir y mezclar. La batidora amasadora está formada por un bol ovalado por su zona inferior de acero inoxidable. Tiene de tres a cinco velocidades dependiendo de la máquina, así como diferentes accesorios dependiendo de la función a realizar: gancho para el amasado, varillas para el batido y pala mezcladora para el mezclado. Es preciso utilizar el accesorio adecuado para la elaboración correspondiente. Contiene un sistema de protección formado por una rejilla, la cual impide el introducir cualquier tipo de material ajeno a la máquina. Cuando esa rejilla se levanta, la batidora deja de funcionar automáticamente, evitando cualquier tipo de accidente.

Figura 1.9. El bol de la batidora tendrá una capacidad desde 2 a 10 litros dependiendo del tamaño de la máquina.

1.1.4. Laminadora

Máquina auxiliar cuya función es estirar las masas para conseguir un espesor uniforme y rápido. Está formada por un rodillo central y una cinta transportadora en la cual se introduce la masa, y esta se traslada de lado a lado de la cinta para que poco a poco vaya adquiriendo el grosor deseado. Empezaremos laminando con el rodillo en la posición de mayor apertura para después, poco a poco, ir bajando el nivel para que la masa vaya quedando más fina. Nunca debemos realizar un laminado sin antes haber realizado una limpieza de la máquina, pues si utilizamos diferentes masas estas podrían adquirir el color o el sabor de la anterior.

1.1.5. Heladora

Estas máquinas auxiliares pueden realizar helados y sorbetes, por lo que muchas de ellas también son conocidas como **sorbeteras**. El cometido de esta máquina es la de enfriar las elaboraciones a realizar en ella, introduciendo la mezcla en un cubículo el cual está formado por unas palas que realizan movimientos rotatorios, los cuales, mediante el frío que va adquiriendo la mezcla gracias a la fricción con las paredes frías del cubículo, van mantecando la mezcla dando lugar a un helado sin cristalizar. Existen máquinas de diferentes tamaños de cubículo frontal o superior.

1.1.6. Armario de fermentación

Este tipo de maquinaria auxiliar tiene el cometido de realizar el estufado de las diferentes masas utilizadas en la pastelería y la panadería. Este tipo de armario puede estar acoplado junto con un horno o puede ser un simple armario individual. Es hermético y con medidas gastronorm. Tiene dos termostatos: uno regula la temperatura y el otro la humedad del cubículo.

1.1.7. Trituradora-refinadora

Máquina auxiliar cuya función es la de moler y triturar. Se utiliza para realizar la molienda de grandes cantidades de frutos secos, granos de café, etcétera. Contiene una tolva de forma cuadrada o rectangular por donde se vuelca la materia prima a triturar o moler, terminada en un embudo. También contiene unos rodillos trituradores colocados horizontalmente y en paralelo a la tolva, de acero inoxidable, con dientes enfrentados que se entrelazan cuando giran en la tolva. Aparte, tiene tres rodillos refinadores que pueden ser de mármol o pueden ser piedras colocadas en la parte inferior de los rodillos trituradores; sobre ellos cae la mezcla triturada para refinar el producto. Los rodillos triturados y refinadores se regulan mediante unos tornillos de acero inoxidable para fijar el grosor que deseamos para la materia prima a triturar y refinar. Toda trituradora dispondrá de una cubeta de acero inoxidable donde se deposita el producto final.

1.1.8. Divisor de masas

Utensilio que divide en porciones del mismo gramaje. Está formado por una cubeta de acero inoxidable con una tapa, la cual contiene unas cuchillas que aplican
una presión en la masa introducida en la cubeta para porcionarla. Encontramos
en el mercado de las industrias alimentarias divisoras hidráulicas que realizan
una división de la masa y el boleado para darle forma a esta.

1.1.9. Inyector o dosificador

Este aparato tiene dos funciones en una. Tiene forma de embudo con un agujero
para dosificar y con una aguja dispuesta en horizontal a continuación del agujero del
embudo. Tiene un mango en la parte lateral, el cual mediante una pestaña abre la
abertura del embudo para comenzar la dosificación. Son de acero inoxidable. La parte de dosificación se utiliza para repartir cremas, salsas, etcétera, en proporciones
idénticas. La función de inyectar se realiza mediante una aguja que se introduce
en piezas de bollería, masas escaldadas con una base de mermeladas, cremas,
etcétera. Encontramos este tipo de maquinaria en modo manual y eléctrico.

1.1.10. Atemperadora de chocolate

También conocida como baño maría eléctrico para chocolate. La encontramos
de diferentes formas: redonda con una cubeta, cuadrada con varias cubetas, y
rectangular con tres cubetas para atemperar las tres clases de coberturas más
comunes (cobertura negra, con leche y blanca). Está formada por un cubo cuyas
paredes se calientan, ya que en su interior suelen tener una resistencia. Dentro
de este cubo se introduce un recipiente o cubeta, en el cual se introduce a su
vez la cobertura para deshacerla y atemperarla. Existen las de sistema manual
y las de sistema automático de medi-
ción de temperatura. Con las primeras
deberemos usar un termómetro digital externo, mientras que las segun-
das llevan un termostato que controla
la temperatura de dicha cobertura.

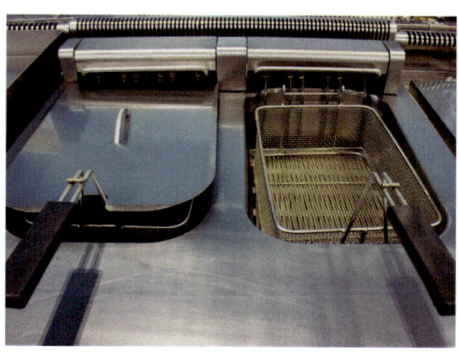

Figura 1.10. Las freidoras de un seno
y de tamaño pequeño serán las más
características en una pastelería
que no realice muchas frituras.

1.1.11. Freidora

Es como una sartén de grandes proporciones para hacer grandes frituras según las cubetas receptoras y la
potencia de la freidora. Las freidoras

pueden ser a gas, eléctricas o mixtas, y existen muchos tipos: de banco, de pie, de dos senos, de un seno, de mayor o menor potencia, con depósito de agua, con depósito de aceite, etcétera.

1.1.12. Mobiliario de uso común y específico en pastelería

El mobiliario de uso común es el encargado de vestir el obrador. Es imprescindible en él y de gran apoyo en todo el trabajo de una pastelería o un obrador.

Pilas

Estas deberán ser de acero inoxidable, grandes y hondas. Los grifos serán de tipo monomando y su leva deberá ser larga, con botón, o disponer de un sensor para evitar tocarlo con las manos sucias y evitar una contaminación cruzada.

Mesas

Las más comunes que forman el obrador son las de acero inoxidable, ya que son muy fáciles de limpiar y pueden aceptar tanto materiales fríos como calientes sin que se vea alterada la base de la mesa. En algunos obradores con especialidad en repostería, y en especial en la parte de bombonería, utilizan mesas con la base de mármol, ya que este material es el indicado para realizar de forma manual el atemperado de las coberturas.

También se pueden tener mesas con frío incorporado en su base, las cuales mantienen la temperatura de cualquier plato que necesite frío.

Carros

Este tipo de mobiliario común tiene las medidas de las latas de horno, es decir, 60 x 40 cm. Son unos carros con ruedas en los cuales se introducen las bandejas con las elaboraciones terminadas o las que necesitan de un enfriamiento rápido. Gracias a este carro podremos reducir el tiempo de traslado de los alimentos a la cámara o al horno. También disponemos de carros con las medidas gastronorm.

Portalatas

Son también carros, pero, a diferencia de los anteriores, no sirven para transporte, ya que este tipo de mobiliario está destinado al almacenaje de las diferentes latas y bandejas que utilizamos en el obrador.

Tolvas o estanterías

Podemos encontrar dos tipos de estanterías en el obrador. Por un lado, están las que forman el obrador junto con las mesas de trabajo; son de acero inoxidable y van en función de la longitud de las mesas de trabajo. También encontramos tolvas de PVC que suelen tener diferentes baldas, y que sirven para el almacenaje en las cámaras de pie y en el economato. Suelen tener una altura de 1,2 m, y la profundidad y la anchura dependerán de lo que cada obrador necesite.

1.2. BATERÍA, DISTINTOS MOLDES Y SUS CARACTERÍSTICAS

Son los que se describen en los apartados siguientes.

1.2.1. Cazos eléctricos

Esta herramienta, como su propio nombre indica, es un cazo; la única diferencia es que va conectado a la red eléctrica mediante su asa. Se caliente con mayor rapidez. Los antiguos estaban revestidos de cobre, pero fueron retirados del mercado por poder contaminar los alimentos elaborados en ellos debido al deterioro del cobre. Ahora los encontramos de cobre por el exterior, pero con el interior de acero inoxidable, con el cual no hay problemas de contaminación por el deterioro de su material. Se utiliza para realizar almíbares, salsas y cremas de una forma más rápida y eficaz.

1.2.2. Cuchillos

Los cuchillos son herramientas que utilizaremos para cortar, pelar las diferentes materias primas utilizadas en la pastelería o las elaboraciones realizadas. Dependiendo de lo que deseemos cortar o pelar utilizaremos una u otra clase de cuchillo. Disponemos de la siguiente variedad de cuchillos:

- **Puntilla.** Es de hoja pequeña, entre 5 y 10 cm, y sirve para limpiar, pelar y tornear frutas.

- **Cuchillo cebollero.** Es de hoja larga, alrededor de 25 a 30 cm, que se utiliza para cortar y picar diferentes materias primas, sobre todo las frutas de gran tamaño.

- **Cuchillo de sierra.** Es de hoja alargada y fina, con bordes estriados, para cortar panes, hojaldres cocidos, bizcochos y para afeitar a estos últimos. También es recomendable usarlo con alimentos ácidos, ya que el propio ácido puede llegar a desafilar los cuchillos sin filo dentado.

- **Pelador.** No es un cuchillo como tal, pero tiene dos hojas enfrentadas con las cuales podemos pelar las frutas, las verduras y las hortalizas que utilicemos en la pastelería.

Los cuchillos que utilicemos en la pastelería deberán estar correctamente afilados, su hoja será de acero inoxidable y su mando de acero o de PVC.

Figura 1.11. Los cuchillos se deberán secar y nunca introducir en lavavajillas, pues se desafilan más rápidamente.

1.2.3. Cucharillas

Encontramos dos variantes de cucharillas. Las cucharillas medidoras, que se utilizan para el pesaje de materias primas, y que suelen ser redondas y cada una tiene una medida, son de acero inoxidable o PVC. Por otro lado, tenemos las cucharillas vaciadoras o talladoras; en algunos sitios son conocidas como cuchillos talladores de frutas. Son de acero inoxidable con mango de PVC.

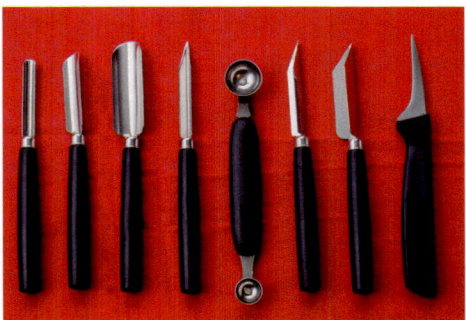

Figura 1.12. Las cucharillas talladoras también reciben el nombre de *gubias*.

1.2.4. Moldes varios

Disponemos de un amplio abanico de moldes en el mercado, cada uno destinado a realizar una forma concreta, con el tamaño que marque dicho molde. Los encontramos también de materiales varios: silicona, acero y aluminio. Los más recomendables son los de silicona, pues, aunque su mantenimiento sea un poco más costoso, son mucho mejores y duran más. Entre los más comunes encontramos:

- **Molde de Bavarois.** Como su propio nombre indica lo utilizaremos para elaborar el postre llamado Bavarois o *mousse* de la materia prima deseada. Existen de diversas formas: redondos, rectangulares, cuadrados, hojas, estriados, etcétera.

- **Molde de tarta.** El más común es el de acero inoxidable o de aluminio antiadherente. Los de silicona se están empezando a utilizar, pero es más recomendable utilizar los de aluminio o acero, ya que son más fuertes y no pierden la forma al introducirlos en el horno. Estos moldes están formados por un aro y una base desmontable. Se utilizan para la cocción de bizcochos y tartas de queso.

Figura 1.13. Postres realizados con diferentes moldes y moldes varios de silicona.

Figura 1.14. Desechar el molde cuando se oxide o pierda la forma.

- **Molde para pan de molde.** Como su propio nombre indica se utiliza para la cocción del pan de molde, para que este se hornee de la forma específica del molde. Este molde es rectangular y con una tapa que evita que el pan crezca de una forma desigual. Suele ser de aluminio antiadherente.

- **Molde de flores.** Este tipo de molde se utiliza para la fritura de masas escaldadas. Se introduce la masa forrando el molde, que tiene forma de flor con 6-8 pétalos, y se introduce en aceite caliente para freír la masa dándole la forma del molde. Estas flores son un postre típico de Madrid y Toledo. Estos moldes son de acero inoxidable con un mango que ayuda a realizar la fritura con mayor facilidad.

- **Molde de magdalena.** Los podemos encontrar de diferentes materiales, desde papel de un solo uso o de silicona, hasta de aluminio. Los más utilizados son los de papel, ya que tienen un bajo coste.

- **Molde *plum-cake*.** Molde para realizar elaboraciones, como su nombre indica, de *plum-cake*, un bizcocho pesado de mantequilla y de frutas confitadas de forma rectangular con la base un poco achatada. Este molde suele ser de aluminio antiadherente o de acero. Ahora han surgido en el mercado los de silicona, que no necesitan del encamisado para su horneado. En este tipo de molde también podremos realizar púdines y flanes rectangulares.

Figura 1.15. Dejar enfriar los bizcochos para desmoldar con el molde de silicona.

Figura 1.16. Disponer el molde de silicona en una placa de horno para que no pierda la forma.

- **Molde savarín.** Tiene forma de corona con un agujero en medio; sirve para realizar bizcochos y rellenando su orificio de frutas para decorarlo.

1.3. UTILLAJE Y HERRAMIENTAS

Toda la herramienta que forma el obrador deberá ser elegida de forma exhaustiva; no es necesario disponer en la pastelería de todo el utillaje nombrado a continuación, sino que utilizaremos el necesario dependiendo de las elaboraciones del obrador. Deberemos tener especial cuidado en su limpieza y mantenimiento, pues son de pequeño tamaño y de bajo coste en comparación con la maquinaria de gran tamaño, pero todo material bien tratado es un material del que podemos sacar mayor rendimiento.

1.3.1. Varilla

Útil con el cual se montan la nata, las cremas y los bizcochos, mediante la acción de batido introduciendo el aire necesario para que esponjen. Las varillas son flexibles y están entrelazadas entre sí. Su mango puede ser de PVC o de acero

Figura 1.17. La encontraremos de distintos tamaños y grosor de varillas.

Figura 1.18. Limpiar y secar bien después de su uso para evitar que se oxiden o queden impurezas.

Figura 1.19. Las encontraremos de distintos tamaños para elegir el más adecuado.

inoxidable; estas últimas son más fuertes y de mejor mantenimiento.

1.3.2. Barreño

También conocido comúnmente como bol, se utiliza para batir, mezclar o pesar las materias primas a utilizar en las diferentes elaboraciones del obrador. Puede ser de PVC o de acero inoxidable. Los de cristal no se deben usar en el obrador para evitar accidentes.

1.3.3. Boquilla

Las boquillas son pequeñas herramientas de forma cónica con diferentes formas en su punta, desde formas lisas o rizadas hasta especiales para distintas decoraciones. También las encontramos de diferentes grosores. El material de dicho útil suele ser el acero inoxidable, aunque también las hay de PVC o de policarbonato transparente. Se utilizan para realizar decoraciones en los diferentes postres a realizar en el obrador; su utilidad también se extiende al relleno y al escudillado de diferentes elaboraciones.

1.3.4. Paleta

Utensilio que se usa para coger materias primas de los cubos donde se almacenan. Suele ser de PVC o de acero inoxidable. Cada materia prima deberá tener su paleta, para no mezclarlas. Las materias primas con las que se utiliza este utensilio son las harinas, los frutos secos, el azúcar, etcétera.

1.3.5. Juego de cortapastas

Útil de pequeño tamaño con diferentes formas para recortar masas quebradas, masas de galletas o masas de pan. Los más usuales son los de acero, ya que,

© Ediciones Paraninfo

aunque se mojen no se oxidan. También los podemos encontrar de chapa o de PVC; estas últimas, al igual que las de acero, no se oxidan, por lo que su duración es mayor. Aparte de encontrarlos de diferentes formas, también existen los redondos rizados o lisos.

Figura 1.20. Limpiarlos y secarlos antes de usar entre diferentes elaboraciones para evitar contaminaciones cruzadas.

1.3.6. Chino

Colador de forma cónica con agujeros más gruesos. Lo utilizamos para colar líquidos y cremas para extraer los posibles grumos que puedan contener. Es de acero inoxidable acompañado de una maza de madera terminada en punta.

Figura 1.21. Los encontramos de diferentes grosores en su malla de colar y tamaño.

1.3.7. Espátula

Podemos decir que la espátula es el útil por excelencia en la pastelería, uno de los más usados y lo podemos encontrar en una amplia variedad. Puede ser de silicona, acero inoxidable, PVC, madera, etcétera. Dependiendo de su material y forma estará destinada a diferentes funciones, entre las que encontramos las siguientes:

Figura 1.22. Espátula alisadora se caracteriza por ser flexible para dar mayor comodidad de trabajo.

- **Espátula alisadora.** De acero inoxidable la hoja y mango de PVC. Destinada para el decorado y alisado de cremas en postres y tartas. Existe de diferentes tamaños, desde 8-10 cm de longitud hasta los 40-50 cm.

- **Espátula de pintor.** La podemos encontrar de acero inoxidable, silicona dura, chapa o PVC. Destinada para remover el chocolate en su templado manual encima del mármol. La podemos usar también para rascar planchas de cocina o placas de horno. Puede ser rectangular o en forma de triángulo con el mango de PVC.

- **Espátula de madera.** Este tipo de útil era de gran utilidad para trabajar las masas escaldadas, pero por prohibición sanitaria no debemos utilizarlas. El problema mayor de este tipo de espátulas es que la madera es porosa y absorbe los olores, colores y sabores de los alimentos tratados; para evitar contaminaciones se decidió retirarla de las zonas de trabajo, pasando a utilizar las de silicona o policarbonato termorresistentes.

Figura 1.23. Podremos realizar decoraciones con ella en las masas a parte de los cortes.

1.3.8. Espuela

Rueda de sierra con la cual se realizan cortes ondulados en masas de pan, masas quebradas y hojaldres. También la podemos encontrar lisa, la cual simplemente se utiliza para cortar.

1.3.9. Hilador

Embudo con cuatro pitones en su punta, los cuales tienen un agujero de dos milímetros de diámetro. Es de acero inoxidable y está destinado exclusivamente a realizar huevo hilado.

1.3.10. Polvera o lustradera

Cubilete de forma cilíndrica tapado. En su tapa se encuentran agujeros por los cuales saldrá el azúcar glasé o el cacao que deseemos espolvorear. Dependiendo de su función, sus agujeros serán más anchos o más finos.

1.3.11. Manga pastelera

Útil de forma cónica con un agujero en la parte más estrecha, en el cual se introducen las diferentes boquillas. Se utiliza para decorar o rellenar con cremas o natas. La podemos usar sin la boquilla para escudillar las masas de bizcocho.

Fabricada de una gran variedad de materiales, la podemos encontrar de tela plastificada, nailon, e incluso de plástico, en este último caso desechable. Cada una de ellas podremos encontrarlas de menor o mayor tamaño dependiendo de cuál sea su uso.

- **Mangas pasteleras desechables o plástico.** Son de un solo uso; el grosor de la boquilla se cortará en función de lo que vayamos a realizar con dicha manga. Este tipo de mangas pasteleras no se pueden reutilizar; de esta forma también evitamos contaminaciones cruzadas.

- **Mangas de silicona.** De fácil limpieza, no absorben ningún tipo de olor ni sabor. No llevan mucho tiempo en el mercado, pero han sido muy bien recibidas.

- **Mangas de algodón.** Su aspecto es rugoso, son muy resistentes y aguantan muy bien los alimentos calientes y la presión a la hora de utilizarlas. Absorben los olores en exceso, por lo que es recomendable no usarlas, ya que adquieren

Figura 1.24. Manga pastelera y utensilios varios de decoración.

un olor y un sabor que pueden infiltrar a otras cremas usadas después.

- **Mangas de nailon.** Al igual que las de algodón, su textura es rugosa. Deberán secarse al aire libre antes de guardarlas. Son resistentes tanto al calor como a la presión. Absorben olores y producen moho si no se secan correctamente.

- **Mangas de poliéster.** Herramientas de pastelería usadas por excelencia por su material, que es muy higiénico, y por su interior, que repele las grasas, de modo que no es necesario realizar tanta presión sobre ellas, ya que el relleno surge con mayor facilidad.

1.3.12. Medidor de capacidad

Útil que tiene la funcionalidad de medir el volumen de los líquidos. Es una jarra con diversas marcas de medidas: decilitro, cuarto de litro, medio litro y litro. Lo podemos encontrar en acero inoxidable, hierro y PVC.

Figura 1.25. Desechar cuando pierda las marcas de medidas.

1.3.13. Pasapurés

Útil redondo con orificios en su base donde una placa con una manivela ejerce presión sobre dichos orificios mediante movimientos rotativos, prensando y triturando los alimentos introducidos en dicha herramienta.

1.3.14. Peso

También conocido como balanza, es un útil con el cual se realiza el pesado de las materias primas a utilizar en las elaboraciones de pastelería. Encontramos una

Figura 1.26. Encontramos pesos que también tienen la función del pesado de líquidos.

amplia variedad de pesos, desde balanzas con pesas hasta digitales. Las más precisas son las digitales. Este tipo de pesos realiza el pesaje por gramos; las balanzas de gran tamaño suelen hacer el pesaje de 5 en 5 gramos. También encontramos en el mercado otro tipo de peso conocido como gramera, de gran precisión y que se utiliza para realizar pesajes inferiores a un gramo.

1.3.15. Expositor de tartas y pasteles

Esta herramienta tiene la función de exponer diferentes tartas y postres en las pastelerías o banquetes dependiendo de para qué esté destinada dicha elaboración. Tenemos a nuestra disposición expositores de diferentes pisos y formas. Pueden ser de PVC o de hierro, aguantan un peso considerable y suelen estar equilibrados para disponer en sus pisos o brazos diferentes postres para su exposición. Los expositores de tartas y pasteles están formados por varias bases donde disponer tartas de diferentes tipos y tamaños. Se utilizan para tartas de bodas y bautizos, o para banquetes.

1.3.16. Placa de horno

Las placas de horno pueden ser de diferentes medidas y materiales: chapa, acero inoxidable y aluminio. Las más utilizadas son las de chapa y acero inoxidable. Las de acero inoxidable suelen ser de medidas gastronorm. Se utilizan para la cocción en horno, el enfriamiento o el almacenaje de los productos.

1.3.17. Rallador

Los ralladores se utilizan para obtener las ralladuras de distintas materias primas, desde frutas a frutos secos o especias. Existen varios tamaños de ralladores y de grosor de rallado, dependiendo de para qué vaya a ser utilizado ese rallado.

1.3.18. Rodillo

Los rodillos suelen ser de madera, aunque con las nuevas técnicas se están introduciendo rodillos antiadherentes de polietileno para trabajar el fondant. Los rodillos los utilizaremos para estirar, aplastar o golpear masas. Los de madera deben mojarse lo menos posible, pues la madera absorbe mucha agua y acaba abriéndose, dejando de ser útiles.

1.3.19. Tamiz

El tamiz o cedazo es un colador ancho que utilizamos para pasar el azúcar glasé o la harina para quitar las posibles impurezas y conseguir una mayor finura.

Figura 1.27. Será de acero inoxidable y podremos encontrarlo con diferentes grosores de malla.

1.3.20. Aro

Los aros los encontramos de distintos tamaños y sirven para hacer montajes de postres a distintas alturas y tamaños. Los hay ovalados, redondos, cuadrados, rectangulares, estrellados, en forma de corazón, en forma de lágrima, etcétera.

1.3.21. Lengüeta de goma

Las lenguas de goma o espátulas flexibles se utilizan para rebañar las elaboraciones que realizamos en los boles para evitar pérdidas y recoger bien todo el producto.

1.3.22. Rebañadera

Las rebañaderas pueden ser semicirculares o cuadradas y son muy flexibles. También reciben el nombre de cuernas. Se utilizan para recoger mejor las cremas, cortar masas o recoger masas de la batidora.

1.3.23. Quemador eléctrico

Los quemadores eléctricos los utilizamos para terminar las elaboraciones que necesitan un tostado de azúcar como, por ejemplo, la crema catalana.

Los encontramos de diferentes tamaños y modelos, en forma de plancha, redondos o con dos varillas paralelas.

1.3.24. Pesajarabes

Tubos cilíndricos de cristal que se utilizan para la medición de la densidad de los jarabes o almíbares. No lo utilizaremos a partir del jarabe de hebra fuerte, pues al ser de cristal no aguantaría la temperatura.

1.3.25. Termómetro

Los **termómetros digitales** se caracterizan por tener una sonda de acero inoxidable y una pantalla donde se visualiza la temperatura de la elaboración. Este tipo de termómetro mide desde los −40 °C hasta los 230 °C. Es el más utilizado en pastelería, no es caro y mide las temperaturas con suficiente precisión.

Se debe tener especial cuidado con la medición. Nunca apoyaremos el aparato en el borde del cazo, pues entonces la medición no será exacta.

Los **termómetros de sonda y láser** tienen las mismas características que los digitales, aunque estos dos son mucho más precisos y más rápidos a la hora de medir la temperatura, por lo que también son más caros y más frágiles.

Para medir con estos tipos de termómetros, tanto los digitales como el de sonda, hay que introducir la punta en la elaboración.

Con el aparato láser, simplemente hay que acercar el puntero láser a la elaboración para conocer los grados exactos de temperatura.

1.3.26. Escarchadera y rejilla

Las escarchaderas son bandejas rectangulares donde podemos introducir la rejilla, que es un recipiente de acero compuesto de varillas finas ordenadas en paralelo en el cual dispondremos los géneros para bañarlos, cortarlos, etcétera.

MAPA CONCEPTUAL

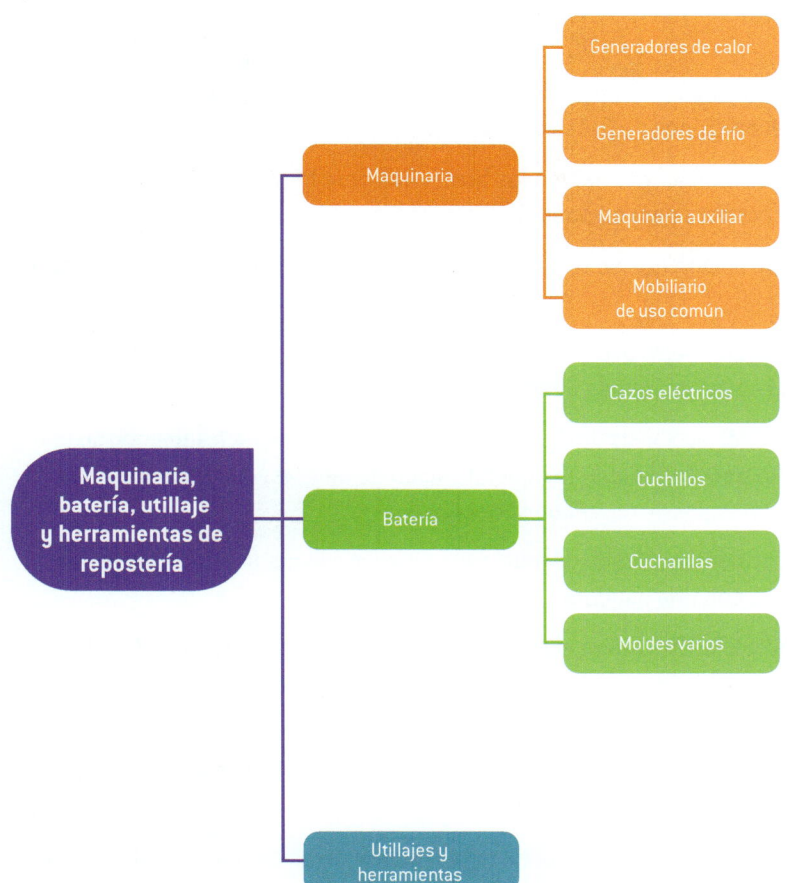

GLOSARIO

ACANALADORES: utensilio que usaremos para acanalar o realizar tiras de cítricos, decoraciones de frutas o verduras.

AFEITAR: realizar recortes en los bizcochos para hermosearlos y darles una formar correcta para su posterior decoración.

AMASAR: acción que se realiza con las masas con las manos o con una batidora.

APROVISIONAMIENTO: el procedimiento que realizará un establecimiento para adquirir materias primas y todo lo que conlleva el proceso.

ATEMPERAR: acción de deshacer una cobertura de chocolate subiendo su temperatura para conseguir una cristalización de su grasa para después bajarla hasta conseguir un templado correcto.

BATIR: acción de aireado de materias primas mediante unas varillas de forma manual o con una batidora.

CADENA DE FRÍO: controlar la temperatura constante de determinados alimentos desde su producción, distribución y almacenamiento.

CONTAMINACIÓN CRUZADA: cuando los alimentos crudos se mezclan con alimentos cocinados contaminando, intercambiando sus bacterias, patógenos y microorganismos.

CRISTALIZAR: acción que sucede en los puntos de azúcar, mermeladas y confituras; se produce por la humedad en los azúcares y la acción del calor, creando cristales y deteriorando la mezcla.

GASTRONORM: sistema de medición estándar de hostelería para recipientes, bandejas y maquinaria.

MEZCLAR: acción de combinar alimentos con espátulas de forma manual o con una batidora con movimientos envolventes.

OBRADOR: establecimiento de pastelería, panadería o repostería donde se realizan las elaboraciones.

ONDAS ELECTROMAGNÉTICAS: ondas por las que funcionan los microondas; surgen gracias a la vibración de campos magnéticos y eléctricos.

PREELABORACIÓN: acción de tratar materias primas previamente a su tratamiento térmico, cocinado u horneado.

TERMORRESISTENTE: material que se utiliza en utensilios de pastelería y cocina por su resistencia las altas temperaturas sin sufrir alteraciones.

ACTIVIDADES DE COMPROBACIÓN

1.1. Los generadores de frío tienen tres funciones:

a) Congelar, almacenar y dosificar.

b) Mixta, cocción y auxiliar.

d) Conservar, congelar y mixta.

1.2. El arcón lo utilizamos para congelar materias primas:

a) De tamaño pequeño y que necesiten un recipiente específico.

b) Materias primas envasadas en recipientes herméticos.

c) Piezas grandes que no necesiten de una base.

1.3. Los hornos mixtos de convección-vapor nos aportan ventajas como:

a) Cocciones a baja temperatura y con tiempo muy controlados.

b) Cocciones rápidas sin control de temperatura.

c) Cocciones en dos tiempos con temperaturas medias.

1.4. Los fogones de gas propano, butano o gas natural son:

a) La maquinaria más costosa del mercado.

b) La maquinaria más económica del mercado.

c) La maquinaria más novedosa del mercado.

1.5. La función de la trituradora y refinadora es la de:

a) Mantecar y pelar.

b) Mezclar y montar.

c) Triturar y refinar.

1.6. El dosificador o inyector está formado por:

a) Embudo con aguja y un mango para dosificar.

b) Bol y cuchillas que aplican presión.

c) Cubetas con resistencias alrededor.

1.7. En los obradores con especialidad en repostería con bombonería, utilizan mesas con:

a) Base de madera.

b) Base de mármol.

c) Base de aluminio.

1.8. Dentro de las variedades de cuchillos encontramos la puntilla que tiene una medida entre:

a) 25 y 30 centímetros.

b) 5 y 10 centímetros.

c) 15 y 20 centímetros.

1.9. La espuela es un utensilio que usaremos:

a) Para decorar o rellenar con cremas o natas.

b) Para espolvorear con azúcar glasé o cacao en polvo.

c) Para realizar cortes ondulados en masas de pan, masas quebradas u hojaldres.

1.10. El pesajarabes se compone de:

a) Una chapa de acero inoxidable.

b) Un tubo de metal eléctrico.

c) Tubo cilíndrico de cristal.

1.11. Los termómetros más precisos que se usan para pastelería son:

a) Sonda y láser.

b) Mercurio.

c) Digital.

1.12. Las escarchaderas son bandejas donde introduciremos:

a) Varillas.

b) Papel parafinado.

c) Rejillas.

ACTIVIDADES APLICACIÓN

1.1. ¿Cuáles son los generadores de calor que encuentras en el obrador de tu escuela/centro? Identifícalos.

1.2. ¿Cuáles son los sistemas mixtos que podemos usar en pastelería?

1.3. Investiga que otros tipos de carros de repostería podemos encontrar en los obradores.

1.4. ¿Cuáles son las características de los moldes de silicona?

1.5. ¿Para qué daremos uso al cuchillo de sierra?

1.6. Busca fotos de diferentes tipos de tartas y realiza un collage de fotos.

1.7. ¿Para qué tipo de elaboraciones utilizarías un quemador eléctrico?

1.8. Rellena varias mangas pasteleras con diferentes boquillas lisas y rizadas. Rellena las mangas con cremas y realiza diferentes decoraciones con ella realizando la práctica correspondiente.

1.9. ¿Cuál es el uso que daremos a los cazos eléctricos?

1.10. Investiga sobre la forma de afilar los cuchillos y afila tus cuchillos en el taller de la forma adecuada.

ACTIVIDADES AMPLIACIÓN

1.1. Busca información sobre cuatro generadores de frío diferentes con sus mejores características en tres empresas especializadas distintas.

1.2. Investiga sobre nuevos hornos que hayan aparecido en el mercado con sus características y especificaciones.

1.3. Elabora un mural de fotos de utensilios para realizar decoraciones de repostería.

1.4. Dibuja el plano del obrador de una pastelería especificando el mobiliario de uso común que utilizarías creando la pastelería de cero.

1.5. Elabora una investigación sobre el armario de fermentación controlada.

CASO PRÁCTICO

Haz un inventario de la batería, utillaje y herramientas, junto con un presupuesto de los materiales que necesitaremos para un obrador.

2. Materias primas

Contenidos

Introducción

Actividades finales

INTRODUCCIÓN

Las materias primas a utilizar en repostería son comunes con la pastelería. Es importante que todas tengan sus cualidades organolépticas correctas, que se realice un tratamiento higiénico-sanitario adecuado y siempre teniendo en cuenta sacar el máximo provecho de ellas.

Es importante conocer todas las materias primas a usar para realizar correctamente las diferentes elaboraciones básicas. Vamos a conocer la gran variedad de materias primas que podemos usar en la repostería.

2.1. HARINA: DISTINTAS CLASES Y USOS

Entendemos por harina aquella materia prima que se genera mediante la molienda de los granos de los cereales. La harina más consumida es la de trigo. Existe una amplia variedad de trigos, que se caracterizan por ser pobres en proteínas, conocidos como trigos flojos o blandos: Anza, Astral, Chamorro, Soissons, Marius y Yécora. Estas variedades de trigo, al igual que muchas otras, se diferencian por el terreno donde son sembradas, ya que el propio terreno, la temperatura y la humedad que haya en dicho terreno crearán esta diferencia; incluso la misma variedad plantada en diferentes terrenos será diferente.

Figura 2.1. La harina es una de las principales materias primas en pastelería.

- **Harina de fuerza.** Esta materia prima tiene como función principal la de retener los gases producidos mediante la mezcla con otras materias primas, como levaduras y gasificantes. Con ella se producen elaboraciones como bollería y masas de pan, dando lugar a que estas sean muy esponjosas. Es rica en gluten y tiene una fortaleza de 200-300 W.

- **Harina de media fuerza.** Es menos elástica que la anterior, por lo que no tiene el mismo efecto de retención de gases. Es aconsejable utilizarla para hojaldres y masas hojaldradas. Es un poco más pobre en gluten y tiene una fortaleza de 200-100 W. Se puede conseguir mezclando a partes iguales harina de fuerza y harina floja, aunque sus características no serán iguales que cuando se hace nada más terminar la molienda.

- **Harina floja.** No retiene tanto los gases. Con este tipo de harina se realizarán masas de bizcocho en las cuales no se utiliza un exceso de harina, pero ayuda en su elaboración manteniendo en su justa medida la retención de los

Figura 2.2. Los diferentes tipos de harina nos darán opción a una amplia variedad de postres y elaboraciones varias.

gases formados por las levaduras y por el aire introducido mediante el batido de los huevos. Este tipo de harina está indicado para masas de bizcochos, masas quebradas y pastas. Es una harina rica en almidón con una textura lisa y suave.

Encontramos en el mercado otras variedades de harina en función de los cereales empleados:

- **Amaranto.** Harina caracterizada por su alto nivel de almidón. Utilizamos las hojas y las semillas para la obtención de la harina que utilizaremos para las distintas elaboraciones de panadería y pastelería.

- **Alforfón.** Coincidencia de composición con el cereal, aunque este no se considera un cereal sino más bien una bistorta (planta herbácea), de la cual se utilizan sus granos. Muy nutritivo gracias a la albúmina que contiene, con un alto grado de aceptación digestiva. Para su utilización deberemos aclarar con abundante agua y no cocerlo excesivamente pues perdería sus propiedades.

- **Espelta.** Es un trigo con escaso rendimiento, con un alto contenido en fibra y en carbohidratos. Para conseguir una masa más homogénea, la mezclaremos con harina de trigo, ya que la harina de espelta es muy rica en gluten y está totalmente contraindicada para celiacos, aunque tenga menos cantidad que la harina de trigo.

- **Espelta verde.** Recolectada como su propio nombre indica cuando su grano está aún verde (inmaduro). Contiene un alto porcentaje de agua en su composición. Tostaremos inmediatamente tras su recolección para obtener un aroma suave.

- **Cebada.** Es el cereal por excelencia para la elaboración de aguardientes y cervezas. También es utilizado para el destilado de ginebras y cervezas. Es un cereal con rápida maduración y muy resistente a la climatología diversa.

- **Avena.** Alto contenido proteico y en carbohidratos, y de muy fácil digestión. Se consume en copos.

- **Kamut.** Rico en vitaminas B1, B2 y B3. Contiene un alto porcentaje en minerales como calcio, hierro y magnesio, entre otros. Su grano es tres veces mayor que el de trigo común.

- **Maíz.** Cereal muy diurético y rico en fibra. No contiene gluten, por lo que es el cereal ideal para los celiacos. Es muy utilizado para la ligazón de salsas.

- **Arroz.** Es un alimento básico en la gastronomía oriental. El arroz integral conserva más las cualidades organolépticas que los granos de arroz que sufren el proceso de descascarillado y pulido.

- **Centeno.** Alto contenido en fibra. Su consumo es ideal cuando se sufre diabetes, ya que reduce la absorción de azúcares. Muy rico en carbohidratos y minerales.

- **Féculas y almidones.** Se extraen por la deshidratación de los tubérculos, las leguminosas y los cereales, así como de ciertas partes de los vegetales. Las harinas ricas en fécula tienen un gran poder de ligazón (maicena).

Figura 2.3. Encontrar la combinación perfecta de diferentes cereales para crear panes dará lugar a grandes masas de pan.

Las harinas son presentadas en el mercado en sacos de papel. Su almacenamiento lo llevaremos a cabo en sitios frescos, secos y con una ventilación adecuada, nunca en el suelo, siempre sobre tarimas o en cajones dispensadores.

2.2. MANTEQUILLA Y OTRAS GRASAS

Las grasas comestibles son los productos de origen animal o vegetal cuyos constituyentes principales son glicéridos naturales de los ácidos grasos. Los aceites comestibles son líquidos a temperatura ambiente y resultan de la extracción de frutos o semillas oleaginosas. Las grasas son sólidas a temperatura ambiente y podemos diferenciar entre grasas vegetales, animales e hidrogenadas o trans.

2.2.1. Grasas vegetales

Conocidas como grasas insaturadas, llamadas también grasas buenas, surgen de vegetales y son grandes aliados del corazón, ya que reducen el colesterol en sangre. Diferenciamos entre:

- **Aceite de coco.** Como su nombre indica, es una grasa vegetal que surge del coco. Se extrae prensando la pulpa del coco. No se oxida al aumentar la temperatura. Tiene un alto punto de fusión. Es de color blanco en estado natural, y de color amarillento en estado líquido.

- **Aceite de palma.** Oxidación y enranciamiento nulo a la hora de su manipulación a altas temperaturas. Características parecidas a las del aceite de coco.

- **Aceite de oliva.** Proviene de la aceituna, fruto del que se extrae su zumo natural mediante el prensado y el refinado. Dependiendo de estos procesos a los que se somete, o de la variedad de la aceituna y de sus cualidades organolépticas, encontraremos diferentes categorías:

  – **Aceite de oliva virgen extra.** Sabor y aroma impecables, sin alteración, aditivos, ni conservantes. Se obtiene únicamente con presión y su acidez no es superior al 1 %.

  – **Aceite de oliva virgen.** Sabor y aroma impecables. Se obtiene a través de procesos mecánicos y físicos, y su acidez no es superior al 2 %.

  – **Aceite de oliva virgen lampante.** No apto para el consumo humano si no pasa por un proceso de refinado. Olor y sabor defectuosos y acidez no superior al 3,3 %.

  – **Aceite de oliva:** Mezcla de distintas variedades de aceites: lampante, oliva y refinado. Su acidez máxima es del 1,5 %.

  – **Aceite de oliva refinado.** Surge de los aceites de oliva vírgenes defectuosos. Su acidez máxima es del 0,6 %.

  – **Aceite de orujo de oliva:** Mezcla de aceite lampante y orujo crudo. Su acidez máxima es del 1,5 %.

  – **Aceite de orujo de oliva crudo.** Se obtiene de los residuos de las aceitunas. Su acidez máxima es del 0,5 %.

Esta grasa vegetal realizada con oliva se utiliza muy poco en las elaboraciones de pastelería. Tiene un sabor muy característico y se posiciona por encima del sabor de los ingredientes con los que se pueda mezclar, destacando en exceso y dando un sabor y un olor no característicos en la pastelería.

- **Manteca de cacao.** Surge de las habas del cacao. Grasa principal de las coberturas de chocolate. Ayuda a texturizar elaboraciones de pastelería, para darles más fluidez y ayudar a eliminar posibles grumos. Tiene un aroma suave a chocolate. Gracias a sus antioxidantes no se enrancia. Su textura sólida tiene color blanquecino, mientras que en textura líquida es de color amarillento. Su punto de fusión es muy alto, por lo que es una grasa muy importante a la hora del templado del chocolate.

- **Aceite de girasol.** Como su nombre indica, surge del girasol, más concretamente de las semillas de este. Tiene un alto contenido en vitamina E. Es el aceite por excelencia de las frituras, ya que no aporta ningún sabor u olor a las elaboraciones realizadas con dicha grasa vegetal. No calentar en exceso pues se oxida con facilidad.

- **Aceite de soja.** Surge de las semillas de soja, y es utilizado para frituras al igual que el aceite de girasol, pero tiene un coste más alto.

- **Aceite de cacahuete.** Surge del fruto seco que recibe el mismo nombre que dicho aceite. Conocido también como aceite de **maní**. Lo encontramos en estado líquido en botella como un aceite común, o en estado sólido como la man-

Figura 2.4. Colar después de una fritura para quitarle las impurezas y tener un buen mantenimiento.

teca de cacahuete. Es una de las grasas más consumidas en la gastronomía norteamericana.

2.2.2. Grasas animales

Son las grasas saturadas que surgen de forma natural de los animales. Se considera una grasa mala ya que su consumo en alta cantidad altera el colesterol y provoca problemas cardiovasculares. Entre las grasas animales encontramos las siguientes:

- **Mantequilla.** Surge de la leche de vaca, más específicamente de la nata que surge de la cocción de la leche. Mediante un batido de esta, se separa la materia grasa del suero dando lugar a la mantequilla. Es de color amarillo blanquecino en estado sólido, y de color amarillo brillante en estado líquido. Su sabor y su aroma son finos. Su conservación debe hacerse entre 2 °C y 6 °C, y su punto de fusión es alto. Debe conservarse en recipientes herméticos para evitar que absor-

Figura 2.5. Dentro de las grasas más usadas en pastelería.

ba todos los olores de la cámara. No debemos almacenar más de uno o dos meses, ya que se enrancia con facilidad.

- **Manteca de cerdo.** Surge de la grasa del cerdo. Es más utilizada en la parte de la cocina; en la pastelería su uso no es muy común, a excepción de alguna masa de pan y algo de bollería. Este tipo de grasa animal tiene una mala digestión, y se enrancia con facilidad. Su color es blanquecino, es de textura gruesa y su olor es característico animal.

- **Aceite marino.** Surge de la grasa del pescado y de algunas algas que cuentan con características grasas. Esta grasa de pescado surge del hígado de diferentes pescados; los más característicos son los de atún, bonito y tiburón. Es grasa 100 % sin ningún tipo de humedad añadida.

2.2.3. Grasas hidrogenadas

Son el resultado de la hidrogenación de aceites vegetales o aceites de animales marinos y son sólidas a temperatura ambiente. El proceso de saturar dicha grasa con hidrógeno (hidrogenación) resulta perjudicial para el ser humano; por tanto, estas grasas no son muy recomendables. Entre este tipo de grasas encontramos las conocidas como margarinas, muy utilizadas en la pastelería por tener un sabor más ligero que la mantequilla. Se obtiene mediante la mezcla de grasas animales y aceites comestibles. Tiene un punto de fusión variable, dependiendo de cuál vaya a ser su uso.

2.3. DISTINTOS TIPOS DE AZÚCAR Y OTROS EDULCORANTES

Los azúcares son hidratos de carbono simples, obtenidos por extracción o cristalización de jugos vegetales que tienen como propiedad principal su sabor dulce y su capacidad para endulzar otros alimentos. Si hablamos de azúcar, o azúcar de mesa, nos referimos exclusivamente al producto obtenido industrialmente de la caña de azúcar o de la remolacha azucarera, compuesto por sacarosa.

Encontramos una gran variedad de edulcorantes, como los siguientes:

- **Azúcar.** Sustancia que se extrae de la caña de azúcar, del jugo de la remolacha o de otros vegetales sacarinos.

Figura 2.6. Podremos encontrar azúcar molido, en terrones o en cristales.

- **Glucosa.** Líquido incoloro, jarabe espeso viscoso y transparente. Se extrae de la sacarificación del almidón (extracción del azúcar al almidón). También es conocida como jarabe de glucosa.

- **Fructosa.** Es el azúcar natural de las frutas.

- **Galactosa.** Se obtiene del suero de la leche de los animales.

- **Maltosa.** Surge de la extracción de ciertos cereales, como la cebada germinada. También es conocida como azúcar de malta.

- **Lactosa.** Azúcar doble que en su composición tiene glucosa y galactosa. Es lo que llamaríamos el edulcorante de la leche.

- **Almidón.** Se extrae de cereales y de tubérculos (patata).

- **Miel.** Es el edulcorante más antiguo, producido por las abejas que recolectan del néctar de las flores o de partes vivas de las plantas. La miel en su estado natural tiene un aspecto líquido. Su composición química es esta: 18 % de agua, 38 % de fructosa, 31 % de glucosa, 1 % de sacarosa, 7,5 % de maltosa, 5 % de otros azúcares, 1 % de proteínas, 0,8 % de vitaminas, 1 % de

Figura 2.7. El sabor de la miel dependerá de la zona meteorológica donde se polinice.

minerales, 0,8 % de cenizas. Es un humectante natural, es decir, absorbe muy fácilmente la humedad, por lo que se añade en poca cantidad a las masas de pan para que estas se endurezcan más tarde.

- **Dextrina.** Es conocido como azúcar de frutas. Surge de las frutas y de la miel. Aporta menos dulzor que la caña de azúcar. Lo emplearemos para productos de confitería, bebidas, helados y dietéticos.

Entre las **variedades de azúcar y sus aplicaciones** podemos citar las siguientes:

- **Azúcar blanco.** Se trata del azúcar refinado obtenido de la extracción de la caña de azúcar o de la remolacha azucarera.

- **Azúcar moreno.** Se trata de un azúcar con presencia de melaza que le da su color característico.

- **Azúcar integral.** Azúcar crudo que no ha pasado por ningún proceso de refinado; llamado también azúcar moreno (natural) o rubio.

- **Azúcar glasé.** Se trata de un azúcar triturado en partículas muy finas. Su particularidad es que se disuelve rápidamente, incluso a bajas temperaturas.

Figura 2.8. El azúcar blanco será el más usado en las elaboraciones de pastelería.

- **Azúcar glasé antihumedad.** Es una mezcla de productos antihumedad junto con azúcar glasé. Debido a esta particularidad, las elaboraciones que necesitan mantenerse en nevera se espolvorean con este tipo de azúcar glasé para que no la absorban.

- **Azúcar avainillado.** Se trata de azúcar blanco al que se le ha añadido esencia de vainilla.

- **Azúcar vainillado.** De las mismas características que el azúcar avainillado, pero con un porcentaje superior al 10 % de vaina de vainilla en polvo. Se utiliza para aromatizar.

- **Azúcar sémola.** Azúcar blanquilla finamente molida.

- **Azúcar líquido.** Se trata de una solución líquida de azúcar y agua.

- **Melaza.** La melaza es el jarabe procedente de la extracción del azúcar de caña que no se ha podido cristalizar y que todavía tiene una alta proporción en azúcar.

- **Azúcar fondant.** También conocido como pastillaje. Se obtiene por el amasado de un jarabe de sacarosa, glucosa y agua cocido a temperaturas de entre 100 °C y 120 °C. Se comercializa blanco o con distintos colores y aromas.

- **Azúcar invertido.** El azúcar invertido se obtiene por la separación química de la molécula de sacarosa en los dos monosacáridos que la componen (glucosa y fructosa). Tiene la ventaja de que no recristaliza durante la congelación.

- **Azúcar candy.** Son piedras desiguales que sufren una recristalización, por lo que se forman esos cristales de color blanco opaco. Se utiliza para decoraciones en distintos productos de repostería, así como también para infusiones y cafés. Necesita de una temperatura más alta para deshacerse y mezclarse bien con las demás materias primas.

Figura 2.9. En las nuevas tendencias de pastelería se está introduciendo el azúcar mascabado por lo saludable que es.

- **Azúcar mascabado.** Surge del secado a fuego de leña de la caña integral de azúcar; después pasa por un proceso de molienda obteniendo así un jarabe oscuro y denso, el cual dejan enfriar y se cristaliza. Este tipo de azúcar tiene un aspecto húmedo y denso. Su sabor recuerda al regaliz por su fuerte sabor. Se utiliza para la elaboración de helados, bizcochos, cremas y sopas.

2.4. CACAO Y DERIVADOS: DISTINTOS TIPOS DE COBERTURA DE CHOCOLATE

El cacao fue descubierto en América y exportado por los españoles. La vaina del cacao es de forma abombada con 20-40 semillas llamadas habas de cacao, de las que surge el chocolate. Para la elaboración el cacao debe pasar por una serie de procesos encaminados a destacar el aroma y el sabor, creándose una pasta cremosa y amarga llamada pasta de cacao, con la que obtendremos el producto deseado, el chocolate.

Llamaríamos chocolate a la mezcla de cacao con azúcar, a la que podemos añadir diversas materias primas como leche, miel y frutos secos. Tenemos diferentes tipos de chocolates, entre los que encontramos estos:

- **Chocolate negro.** Es el chocolate propiamente dicho, pues es el resultado de la mezcla de la pasta y manteca del cacao con azúcar, sin el añadido de ningún otro producto.

- **Chocolate a la taza.** Es el chocolate negro al que se le ha añadido una pequeña cantidad de fécula para que a la hora de cocerlo aumente su espesor.

- **Chocolate con leche.** Es el derivado del cacao más popular. Se trata, básicamente, de un dulce, por lo que la proporción de pasta de cacao suele estar por debajo del 40 %.

- **Chocolate blanco.** Estrictamente, no se trata de chocolate, pues carece en su composición de la pasta de cacao, que es la materia que aporta las propiedades del cacao.

Figura 2.10. Las coberturas de chocolate serán la materia prima que utilizaremos para realizar las diferentes elaboraciones de pastelería.

2.5. DISTINTOS TIPOS DE FRUTA Y PRODUCTOS DERIVADOS (MERMELADAS, CONFITURAS, FRUTAS CONFITADAS, PULPAS, ETCÉTERA)

Son el fruto, la inflorescencia, la semilla o las partes carnosas de órganos florales que hayan alcanzado el grado de madurez. Diferenciamos entre pomos, bayas, frutas tropicales y subtropicales y frutas silvestres. También diferenciamos

Figura 2.11. Una amplia variedad de frutas dará lugar a diferentes elaboraciones de pastelería.

entre frutas climatéricas (capaces de seguir madurando separadas de la planta) y no climatéricas. Por su capacidad cromática y aromática y por su sabor se utilizan en pastelería en cremas, salsas, helados y tartas.

Las frutas son una materia prima con mucha importancia dentro de la pastelería. Las podemos utilizar en su estado natural, y siempre deberán estar maduras y con la piel limpia y tersa, sin golpes ni roturas.

Las frutas también las podemos consumir en diferentes elaboraciones trituradas para *mousses*, en *coulis*, en mermeladas, asadas, etcétera.

Debemos saber que hay una gran variedad de frutas, pero no todas podemos utilizarlas durante todo el año. Mediante la fructosa y la glucosa la fruta aporta un alto contenido en carbohidratos. También es rica en vitaminas y minerales, no tiene un alto contenido en grasa, al contrario que los frutos secos, que son ricos en grasa. Su componente mayoritario es el agua.

En cuanto a las **características organolépticas**, podemos decir que la fruta tiene un alto contenido en azúcares (glucosa, fructosa y sacarosa) que le confieren ese sabor dulce característico. Además, es rica en vitaminas (A, C, B1, B2, B6 y ácido fólico) y contiene una cierta cantidad de minerales. También es una buena fuente de fibra (que se encuentra especialmente en la piel). Es mejor consumir las frutas crudas, ya que conservan todas sus propiedades, y en la medida de lo posible con piel.

Dentro de la clasificación de frutas frescas encontramos:

- **Alquejenje.** Originario de Sudamérica. Conocido en la pastelería como physalys, es una bolita de color naranja recubierta por una membrana de color amarillo parduzco. Tiene un sabor parecido a la fruta de la pasión con cierto toque de la acidez de la piña. Solamente se consume la bolita; la membrana no es comestible. Fruta muy utilizada en la decoración de platos, confitada o bañada en chocolate.

- **Caqui.** El caqui tiene su origen en China y Japón. Esta fruta recuerda por su forma a la de un tomate. Su peso varía entre los 90 y los 300 g. Tiene una piel brillante y lisa de color naranja, que conforme va madurando va adquiriendo un color naranja más oscuro. Cuando no está lo suficientemente maduro tiene un sabor soso y está muy duro; cuando está en su punto de maduración su pulpa tiene un sabor muy dulce y una textura fina. El caqui lo podemos utilizar al natural, o para realizar mermeladas, *coulis* y rellenos, aunque también lo podemos utilizar en recetas saladas.

- **Caqui persimon.** En España existe la variedad conocida como ribera de Xuquer, sembrada y recolectada en la zona de Carlet y Alcudia, dos pueblos de la Comunidad Valenciana. Producen el 92 % de lo que se consume en España. Tiene las mismas características nutritivas que el caqui. La diferencia del caqui persimon con el caqui es en su textura y tamaño. Su tamaño es superior y su peso oscila entre los 150 g y los 500 g. Su textura es muy dura y aun así tiene un sabor dulce y fino. A este tipo de caqui le aplicaremos un tratamiento con alcohol: lo introducimos en una placa con la hoja hacia abajo, lo regamos con alcohol (ginebra, vodka) y lo tapamos con otra placa; lo dejaremos reposar durante 24 horas, lo que hará que el caqui madure y coja un sabor mucho más fino. Es conocido como tratamiento de etanol. Lo utilizamos como fruta natural, o para elaboraciones de pastelería como flan de caqui, panacotta de caqui y bizcocho de caqui.

- **Carambola.** Fruta con origen en Malasia y Camboya. Tiene una forma ovalada curiosa, alargada y estrellada, con un color amarillo verdoso con toque naranjas; al cortarla parece una estrella de cinco puntas. Su carne es de color blanco verdoso, no tiene prácticamente pepitas. Su sabor es agridulce; las de menor tamaño suelen ser más agridulces que las de tamaño más grande. Pueden tener un tamaño de entre 8 y 14 cm. Se consume tanto para decoraciones de postres en restauración, como para confitarla, para hacer *cupcakes* de carambola, crema inglesa aromatizada con carambola, etcétera. Elegiremos siempre las piezas con un color brillante y sin manchas.

- **Coco.** Procede de la zona subtropical del Pacífico, en el Caribe. Se puede encontrar durante todo el año, ya sea en su forma original o rallado, en bote de conserva. También se utiliza su leche, que la podemos encontrar en conserva. Para elegir el coco deberemos agitarlo y oír el movimiento de un líquido para saber que está en perfectas condiciones; de lo contrario, significa que la fruta está seca y muy madura. Tiene un sabor intenso. Lo utilizamos en pastelería sobre todo rallado, para realizar gran variedad de postres, desde *mousses* y bizcochos, hasta helados y decoraciones varias.

- **Guayaba.** Originaria de Centroamérica, aporta una gran cantidad de vitaminas A y C; por tanto, tienen funciones antioxidantes. A la hora de elegirla debemos escoger las de color amarillo y al tocarlas deben estar un poco blandas; después las dejaremos madurar un poco más para su utilización. La guayaba se puede consumir en su estado natural, y con ella también podemos realizar una especie de pan llamado pasta de guayaba. Y también la utilizaremos para diferentes elaboraciones de pastelería como jaleas, *coulis* y *mousses*.

- **Kiwano.** Conocido también como pepino cornudo, es originario de Nueva Zelanda. Mide unos 10 cm y tiene un peso de unos 200 g. Su piel es de un color naranja intenso con unos salientes pequeños puntiagudos; su piel no se consume, solamente su pulpa de textura gelatinosa, que es de un color verdoso semejante a las pepitas del pepino. Su sabor es parecido al del pepino, con un toque de acidez, pero muy refrescante. Lo podemos consumir en su estado natural y para aromatizarla se le puede añadir un poquito de lima, nata o algún licor tipo brandy. Podemos hacer *coulis* y aromatizar los *mousses*.

- **Kiwi.** Es originario de China. Es una baya de color pardo con vellosidad. Su pulpa es de color verde con semillas muy pequeñas de color negro. Tiene un sabor agridulce refrescante. También al consumirlo tiene un efecto laxante. Lo podemos consumir al natural, o para elaboraciones de pastelería como helados, *mousses*, *coulis* y mermeladas.

- **Kumquat.** Fruto originario del este de China y de Vietnam. De forma ovoide de color naranja, recuerda a la piel de la mandarina, pero de un tamaño mucho más pequeños. Es un producto delicado, pues su piel es muy fina. Tiene un jugo ácido propio de los cítricos. Se puede consumir en su estado natural, pero hay que amasarlo un poco con las manos para obtener un sabor delicioso. Se utiliza para ensaladas, tartas y mermeladas. También es un buen acompañante en los platos de aves de caza.

- **Lichi.** Procede del sur de China. Fruto ovoide con un tamaño no superior a 4cm, y su color varía entre el rojo y el amarillo. Es muy fácil de pelar y se consume fresco, aunque también podemos consumirlo en ensaladas, zumos, batidos, helados, confitado o desecado para convertirlo en un fruto seco.

- **Mango.** Originario del noroeste de la India. Es un fruto de forma ovoidea aplanada con un peso que puede oscilar entre los 250 g y los 2 kg. Sus tonalidades van desde el verde o el amarillo hasta los rosas, rojos o violetas. Su piel es dura con una pulpa carnosa amarilla o anaranjada. Tiene un hueso también de forma ovoidea. Su sabor es exótico y suculento. Se puede consumir fresco o en ensaladas; también acompaña muy bien a platos de carne y pescado. Para las elaboraciones de pastelería la utilizamos para *mousses*, *coulis*, helados y postres varios.

- **Mangostán.** Este fruto procede de árboles tropicales de Asia y América. Su forma es esférica con corteza leñosa gruesa; su pulpa está dividida en 5 o 6 gajos. Su sabor es suave y muy dulce; recuerda al sabor de la frambuesa y del melocotón. No madura fuera del árbol. Lo utilizaremos para ensaladas y sorbetes, pero su consumo más habitual es al natural.

- **Maracuyá.** Conocido también como fruta de la pasión. Fruto originario de Centroamérica. Es un fruto de temporada de invierno. Tiene una forma ovalada rugosa, de color morado o amarillo. El de color amarillo tiene una piel más fina, no así el de color morado cuya piel es mucho más gruesa y más difícil de cortar. Su pulpa es gelatinosa, de un color anaranjado con toques verdosos. Tiene un sabor agridulce refrescante que recuerda al sabor del albaricoque. Lo podemos utilizar para la elaboración de zumos, *mousses* o helados.

- **Papaya.** Es originaria de México. De forma ovoide y grande, su peso oscila entre los 500 g y 1 kg. Es una fruta tropical jugosa y carnosa, con una consistencia mantecosa, con una piel fina de color verde amarillento; su pulpa es de color anaranjado con pepitas negras, su aroma recuerda al sabor del melón y el dulzor al de las peras, las fresas y el melón, con semillas de sabor picante. Fruta refrescante tierna. La utilizaremos en su forma natural o en elaboraciones como helados, batidos, *mousses* y bandas de frutas, o para decoraciones de tartas y postres.

- **Pitaya.** Originaria de México. Existen dos variedades, la amarilla y la roja. Las dos variedades tienen forma ovoide; la amarilla es de piel dura con espinas, y la roja tiene una piel más dura de color rosa con brácteas. La pulpa, tanto la de la amarilla como la de la roja, es de color blanco con pequeñas pepitas de color negro. La pitahaya amarilla es de un calibre más pequeño que la roja. La amarilla es mucho más dulce que la roja, ya que esta última resulta incluso insípida. La amarilla la utilizaremos para zumos, cocteles, refrescos y macedonias de frutas tropicales. La roja la consumiremos al natural o en zumo. Las dos, por su color llamativo, son muy decorativas en postres de restauración.

- **Plátano.** Su origen lo encontramos en Asia; después apareció en el Mediterráneo, desde donde llegó a Canarias y de allí fue exportado a América. Es el cuarto cultivo más importante del mundo. Tiene una piel gruesa de color amarillo con una pulpa de color blanco. Los deberemos elegir sin golpes y sin manchas negras, pues esto significará que están demasiado maduros. Los utilizaremos en su estado natural pelándolos, o en ensaladas, batidos, caramelizados, rebozados y fritos. Incluso, los podemos desecar.

- **Piña.** Originaria de Sudamérica, exactamente de Brasil. Fruta muy frágil que se estropea muy rápido; por eso su conservación debe ser en frigorífico y no bajar de los 7 °C. Para comprobar su madurez intentaremos rotar las hojas puntiagudas que tiene en la parte superior; si giran de un lado a otro un poco es que está suficientemente madura; si giran mucho, estará muy madura e, incluso, en mal estado. La piña es grande de forma ovoidea y con una piel dura de color marrón con toques amarillos y verdosos. Su pulpa es de color amarillo blanquecino. Es dulce y ácida, muy refrescante y diurética. La utilizaremos para gelatinas, *mousses* y como fruta natural. También podemos utilizar su cáscara como recipiente para introducir la piña cortada en trozos acompañada de helados y siropes.

2.5.1. Frutas con hueso

Entre las frutas con hueso, encontramos las siguientes:

- **Ciruela.** Procede de Turquía y Persia. Dividiremos las ciruelas en amarillas (ácidas y jugosas), rojas (más dulces y jugosas), negras (para cocer) y verdes (muy dulces). Su forma es redondeada con piel muy fina y pulpa jugosa y carnosa. Dependiendo de la variedad, pasaremos de más ácidas a más dulces. Se pueden consumir como fruta fresca o en mermeladas, compotas y diferentes elaboraciones de *mousses* y postres varios.

- **Cereza.** Su origen lo encontramos en la antigua Mesopotamia. Muchas variedades son de sabor dulce. Las silvestres, llamadas guindas, son anteriores a las cerezas. Se consumen crudas y también confitadas. Frutos pequeños redondos que según su variedad pasan de color rojo oscuro a rojo anaranjado, con un largo péndulo del que suelen colgar dos cerezas. Las emplearemos en repostería para elaboraciones como tartas, rellenos de bombones, confituras, helados, *mousses* y sorbetes. También se utilizan en cocina para carnes de caza.

- **Melocotón.** Es originario de China. Durante la Edad Media se extendió a toda Europa desde Grecia. Podemos distinguir unas 200 variedades, entre las cuales las más conocidas son:

  - **Paraguaya.** Es una mutación del melocotonero, de color verde con tonos rosáceos, pulpa blanca crujiente y dulce.

  - **Nectarina.** Otra mutación del melocotonero; se piensa que es una mezcla entre ciruela y melocotón, pero esta fruta no es un híbrido sino una mutación del propio árbol. Tiene una piel lisa y de color rojizo con tonos amarillentos.

  - **Melocotón.** Fruto de piel vellosa, que puede dar alergia, de color anaranjado con toques rojos y amarillos. Es dulce y jugoso. Lo usaremos para realizar postres como el melocotón Melba, que va escalfado en almíbar, para después rellenarlo de helado y acompañarlo con un puré de frambuesas. También lo usaremos para *mousses*, batidos, confituras y tartas.

- **Albaricoque.** Originario de Asia (Corea del norte). Su cultivo ahora se concentra en Murcia, Valencia y Zaragoza. Es una drupa dura redonda con un surco en la parte media, y tiene una semilla en forma de almendra. Su pulpa es dulce muy perfumada y jugosa. Podemos encontrarlo desde el color amarillo al naranja rojizo. Fruto muy aromático y con un cierto tacto aterciopelado. Lo consumiremos como fruta fresca o para salsas, espumas, cremas, mermeladas, zumos, sorbetes y helados.

- **Níspero.** Su origen se fija en la China Oriental, y después se extendió a Japón. Sus principales productores son Asia y el Mediterráneo. Es de color naranja con manchas negras y con pulpa del mismo color que la piel, con tres huesos en su interior que van cubiertos de una fina membrana. Lo utilizaremos para jaleas, mermeladas y confituras. Los frutos que sean de gran tamaño podemos rellenarlos, quitándoles por la parte del peciolo los huesos y confitándolos para después rellenarlos de helado de vainilla.

2.5.2. Cítricos

Dentro de la clasificación de cítricos, podemos encontrar los siguientes:

- **Naranja.** Proviene de Asia suroriental. En España los principales productores son Valencia, Murcia y Sevilla. Encontramos muchas variedades sanguinas, de las que navel sería de las más importantes, y después podemos diferenciar dos grupos más: blancas y sucreñas. Las blancas tienen una gran calidad y prácticamente no tienen semillas, con corteza rugosa y un espesor medio, y con una pulpa tierna de sabor muy dulce. Las sucreñas son menos ácidas y algo insípidas, no aptas para la producción industrial. Las naranjas las utilizaremos en pastelería para zumos, pasteles, mermeladas, confituras, salsas, cremas, rellenos, helados, etcétera.

- **Limón.** Originario del sudoeste asiático, tiene más de 20 millones de años. Desde el Himalaya fue transportado hasta Europa por los árabes y después lo introdujeron en España. Es una fruta elipsoide de color amarillo claro de diferente grosor dependiendo del tamaño. Su pulpa es de un color amarillo pálido, de jugo agrio y muy aromático. Lo utilizaremos en repostería para aromatizar, para zumos, cremas y pasteles en general. Utilizaremos tanto su jugo como su piel.

- **Lima.** Fruto del árbol limero, procede de Asia tropical. Es una fruta pequeña verde con la pulpa dividida en gajos, con un color verde traslúcido, muy jugosa y aromática. Le daremos la misma utilidad que al limón, aunque esta es mucho más ácida. También utilizaremos la piel y el jugo. Un cóctel muy consumido en los últimos años se realiza con esta fruta; es el conocido mojito.

- **Mandarina.** Tiene su origen en Asia, como la mayoría de las frutas. En la actualidad sus principales productores son Israel, Japón, Argelia y España, donde la Comunidad Valenciana es la que se ocupa del 90 % de la producción. Existen muchas variedades de mandarina, que dividiremos de este modo:

  - **Clementina.** De un color anaranjado intenso, de forma esférica y aplanada, este tipo de mandarina se caracteriza por no tener pepitas. Es una mezcla entre la mandarina y la naranja silvestre de Argelia. Tiene un sabor muy fino y su piel es muy fácil de quitar, ya que es bastante gruesa.

  - **Clemenvilla.** Se caracterizan por tener mucho zumo, son más grandes que las clementinas y su color es naranja con toques rojizos.

  - **Híbrido.** Tiene un color naranja con toques rojizos, y su pulpa de color naranja más claro que la piel es muy azucarada y contiene ácidos orgánicos. También es rica en zumo, como la clemenvilla, aunque cuesta mucho de pelar ya que su piel es muy fina y está muy adherida a la pulpa.

  - **Satsuma.** Esta variedad es de Japón, tiene un color naranja asalmonado, es de forma achatada y tiene una corteza muy gruesa que no está adherida a la piel. En su periodo de maduración la piel suele hincharse, por lo que a la hora de consumirla parece más grande de lo que es en realidad. La pulpa es menos aromática que la de las otras tres variedades. La utilizaremos para aromatizar, para zumos, *mousses*, tartas, *coulis*, etcétera. Es muy utilizada en la pastelería en sustitución de la naranja, ya que tiene menos acidez.

- **Pomelo.** Se cree que es una mezcla entre el naranjo dulce y el pomelo de Barbados, por lo que se piensa que su origen podría estar en el Caribe y EE. UU. Es un fruto redondo parecido a la naranja, formado por numerosos gajos con mucho zumo. Diferenciamos las siguientes variedades según el color de su pulpa:

  - Pomelo con pulpa blanca que es el más común.

  - Pomelo con piel pigmentada y pulpa con tonalidad rojiza y rosa.

  Lo podemos consumir en su estado natural y comernos sus gajos. Lo utilizaremos para zumos, jaleas, cócteles, macedonias y ensaladas de fruta.

2.5.3. Bayas

En lo relativo a las bayas, podemos encontrar las siguientes:

- **Frambuesa.** Es originaria de Grecia. Fruto silvestre de color rojizo o rosáceo (color escarlata), de forma redondeada o cónica, formado por muchos granos gruesos muy juntos entre sí, los cuales a su vez tienen una pelusa de color amarillo. Son frutos carnosos y de sabor agridulce. En su interior encontramos unas semillas muy pequeñas que no dificultan su consumo. Utilizaremos las frambuesas como *coulis* o junto con otros tipos de bayas, también para postres de restauración y decoraciones.

- **Arándano.** Es oriundo de Asia y Europa. Es una baya esférica, redonda y oval, de color negro cuando está es su punto de maduración óptimo o rojo dependiendo de su variedad. Su pulpa es jugosa y con un gran aroma, de sabor agridulce. Cuando adquiramos esta fruta debemos saber que al tacto debe estar seca y firme; si está blanda y húmeda se estropeará mucho más rápidamente. La utilizaremos para decoraciones en tartas y postres de restauración, para mermeladas, zumos, helados, sorbetes y *mousses* varios.

- **Grosella.** Las grosellas son originarias de Asia y Europa. Las más comunes son de color rojo, redondeadas y recogidas en un pequeño racimo como las uvas, pero su tamaño es mucho más pequeño. Encontramos tres variedades:

  - **Grosella roja.** Baya silvestre redondeada que crece en forma de pequeño racimo. El sabor dependerá de su maduración y puede llegar del ácido al agrio, llegando incluso a tener un toque insípido.

  - **Grosella negra.** Se caracteriza por tener un sabor amargo y ácido, lo que la hace imposible de consumir en su estado natural, quedando como acompañamiento de carnes de caza.

  - **Grosella blanca.** Es de color blanquecino rosáceo.

- **Fresa.** Las fresas fueron introducidas en Europa por colonos de Virginia (América). En España su mayor productor es Huelva. Encontramos distintas variedades, entre las cuales destacan:

  - **Reina de los valles.** Es la fresa más consumida en España, de tamaño pequeño y de color blanquecino o rojo brillante.

  - **Camarosa.** Es de color muy brillante y muy sabrosa.

  - **Tudla.** Es grande y alargada y de color rojo intenso.

  - **Oso grande.** Es de color rojo anaranjado, achatada y de gran tamaño.

La fresa es una de las bayas que más se utiliza en las elaboraciones de pastelería; otorga un color muy llamativo a los postres en restauración. La utilizaremos para servir en su estado natural, como fresas con nata, para *mousses*, *coulis*, bizcochos, etcétera.

- **Mora.** Las moras son oriundas de Europa y Asia. Existen muchas variedades de mora. Es un fruto pequeño parecido a la frambuesa, pero de color morado intenso, muy brillante, cubierto por una pelusa amarilla; también está formado por glóbulos pequeños muy pegados entre sí. Las moras son muy perfumadas y de un sabor dulce con un toque de acidez, como todas las bayas o frutas del bosque. Para consumirlas deben estar secas y firmes, porque blandas y húmedas significa que llevan mucho tiempo en cámara y no son frescas. No las podemos conservar más de ocho días. Las utilizaremos para postres en restauración, *coulis*, *mousses* y decoraciones varias.

2.5.4. Frutas con semillas

Entre las frutas con semillas, citamos las siguientes:

- **Manzana.** Fruto carnoso del que encontramos gran variedad. Es originario de Kazajistán, aunque su sembrado y recolección ya se ha repartido por gran parte del mundo. Cataluña es la región que produce el 40 % de la manzana sembrada y recolectada en España. Las manzanas varían en color, sabor y textura. Su pulpa puede ser blanda, ácida, dulce o crujiente. Podemos encontrar más de cinco mil variedades. Solamente hablaremos de las más comunes:

  - **Fuji.** Manzana de color rojizo con un toque amarillento, de forma redondeada y achatada por el pedúnculo y el peciolo. Es una manzana muy crujiente y con un pequeño toque ácido pero muy dulce. Tiene un sabor muy agradable en su punto justo de maduración.

  - **Granny Smith.** Manzana de piel muy verde, muy ácida y crujiente, que se caracteriza por su color brillante. No se oxida tan fácilmente como las otras variedades. Se utiliza mucho para las tartas de manzana.

  - **Golden.** Es la manzana más utilizada en la pastelería. Es de color amarillo con manchas muy pequeñas marrones y negras, de un sabor muy dulce, crujiente y de textura agradable.

  - **Reineta.** Manzana de color verde amarillento con manchitas marrones, redonda y achatada por el pedúnculo y de peciolo pequeño. Tiene un sabor agridulce. Conserva su textura después de cocinada.

  La manzana es el fruto estrella de la pastelería, junto con las frutas tropicales. Podemos elaborar desde pasteles de manzana y bizcochos, hasta tartas y compotas. También es utilizada para elaborar una de las bebidas más importantes de la gastronomía asturiana, la sidra. La manzana es el fruto que más duración tiene de conservación exceptuando los cítricos.

- **Pera.** Procede del sur de Asia y Europa, pero en la actualidad sus principales productores son China, Italia, Argentina y España. De esta última destacaremos las peras de Jumilla (Murcia) y las peras de Rincón de Soto (Rioja), ambas con denominación de origen propia. La pera es el fruto del peral, de carne jugosa y tierna, con una piel tersa y fina. Podemos encontrar muchas variedades de pera, pero las más conocidas son las siguientes:

- **Pera limonera.** De piel irregular y lisa de un color verde claro que se convierte en amarillo en su maduración. Muy jugosa por su gran cantidad de agua, y de sabor muy dulce y refrescante.

- **Pera de Jumilla.** También conocida como ercolina, es una pera crujiente de un calibre pequeño con tonalidades rosáceas, aunque el color que más predomina es el verde con toques amarillos brillantes. Su pulpa es blanca y muy dulce, muy agradable de comer.

- **Pera conferencia.** Es de excelente calidad y de muy buena conservación. Este tipo de fruto se puede consumir tanto verde como maduro, ya que su carne es de agradable degustación, aunque cuando está en su punto de maduración la piel se deshace en la boca y tiene mucho más dulzor. Para escoger la pera conferencia escogeremos las que tienen un fondo de color verde con manchitas pequeñas marrones; las que son muy amarillas están demasiado maduras, y pueden resultar harinosas al comer.

- **Blanquilla.** Tiene un tamaño mediano con una piel fina, lisa y brillante de color verde claro. Su carne es blanca muy jugosa y agradable.

- **Melón.** Su origen lo situamos al sur de Asia. Su cáscara puede ser blanca con toques verdes, verde o amarilla, dependiendo de su variedad. Es muy aromático, jugoso y dulce, con pepitas de color naranja o amarillas en su interior, las cuales no consumiremos. El melón no debe mezclarse con lácteos, pues puede llegar a darles un toque agrio. Utilizaremos el melón como fruta natural y para decorar platos. Entre las variedades más conocidas encontramos estas:

  - **Melón Galia.** Es de tamaño pequeño y redondo, con piel rugosa de color amarillo con tiras de color blanco. Su pulpa es de color blanco verdusco, muy dulce y aromática.

  - **Melón piel de sapo.** Es de forma ovoidea y con corteza lisa de color verde con toques amarillos y verdes oscuros o claros. Su pulpa es de color blanco y en el centro encontramos sus pepitas de un color amarillo crema.

- **Membrillo.** Su origen lo encontramos en Grecia; es símbolo de amor y fecundidad. Es un fruto redondeado con un peciolo corto, de un color amarillento dorado. Su pulpa suele ser bastante áspera de un color amarillo, con muchas semillas en su interior. Encontramos diferentes variedades, pero el fruto más común es el llamado gigante de Wranja, de gran tamaño y sabor bastante ácido. Lo utilizaremos para realizar el tan conocido dulce de membrillo, y también para empanadas, empanadillas de membrillo, pasteles, para acompañar helados de queso, etcétera.

2.5.5. Productos elaborados a partir de frutas

A continuación, citamos algunos tipos de productos elaborados a partir de frutas:

- **Zumo fresco.** Zumo recién exprimido que debe consumirse en un tiempo máximo de 24 horas, ya que al paso de este tiempo va perdiendo todas sus vitaminas.

- **Zumo natural.** Zumo tratado y manipulado al que se añaden estabilizantes para que tenga una mayor conservación. Tiene una duración máxima de 3 o 4 meses.

- **Zumo conservado.** Zumo al que se añaden conservantes, aparte de los estabilizantes, y también pasa por el proceso de pasteurización. Con todo este tratamiento se consigue un producto ideal para conservar durante gran parte del año.

- **Zumo concentrado.** Zumo al que le extraemos un 50 % de humedad (agua). Este tipo de zumo después necesita ser mezclado con agua para poder consumirlo, ya que de lo contrario tendría un sabor muy fuerte y sería pesado de consumir.

- **Néctar.** Es el zumo natural o fresco al que añadimos una proporción de jarabe al 40 %-60 % con el mismo grado de concentración de azúcares que este.

- **Compota.** Todo tipo de frutas cortadas en trozos y cocidas en un jarabe con el 15 % de edulcorante. La más común es la de manzana, aunque también podemos realizarla de otros tipos de frutas. La de manzana la podemos acompañar con diversos frutos secos.

- **Confitura.** La confitura es un método tradicional de realizar una conserva de frutas. Consiste en la cocción en un almíbar caliente de puré o pulpa de fruta, con la adición de un gelificante (generalmente pectina) que le aporta su textura característica.

En función de su contenido en fruta, podemos diferenciar entre confitura (con un mínimo del 35 % de fruta) y confitura extra (con al menos un 45 %). Se utiliza todo tipo de frutas para la elaboración de confituras. Las confituras seutilizan en el relleno y la decoración de tartas, bollería y otros postres, además de en la elaboración de salsas y cremas.

- **Mermelada.** La mermelada es, al igual que la confitura, una conserva de frutas elaborada mediante la cocción en caliente de trozos de frutas. También actúa la pectina como gelificante, pero al encontrarse de forma natural en la piel de muchas frutas, no siempre es necesario añadirla.

  La mermelada debe elaborarse con al menos un 30 % de fruta para que pueda considerarse como tal, mientras que la cantidad de fruta en una mermelada extra debe ser superior al 50 %. Las frutas más utilizadas para la elaboración de mermeladas son la fresa, el melocotón, el albaricoque, la ciruela, la naranja y las frutas del bosque. Las mermeladas tienen el mismo uso en pastelería que las confituras.

- **Jalea.** La elaboración de la jalea utiliza los mismos ingredientes que las confituras y las mermeladas, cambiando únicamente el método de producción. La fruta se cuece y se escurre, extrayendo su jugo que es mezclado con el almíbar y gelificado mediante la adición de pectina.

  La jalea tiene el mismo uso en pastelería que la mermelada y la confitura, pero se diferencia de ellas en que aporta una textura más suave.

- **Puré.** Producto elaborado a partir de trozos de frutas, acompañados de edulcorantes o no dependiendo del dulzor de la propia fruta. La proporción de edulcorante no superará el 35 % de la cantidad de fruta utilizada.

- **Fruta en almíbar.** El almíbar es una solución concentrada de agua y azúcar que impide el crecimiento de microorganismos y es una buena forma de conservación de las frutas. Las frutas en almíbar se utilizan en la elaboración y la decoración de todo tipo de tartas y postres. Cerezas, melocotones, albaricoques, peras, fresas y nísperos son las frutas que más comúnmente podemos encontrar conservadas en almíbar.

Figura 2.12. Las frutas en almíbar son una buena solución para su conservación.

- **Frutas confitadas.** Las frutas confitadas se cocinan sumergidas en almíbar hasta que conseguimos deshidratarlas, aumentando su concentración interior de azúcar y, por tanto, su conservación. Después de la deshidratación las frutas confitadas pueden glasearse o escarcharse (cubriéndoles con azúcar de forma uniforme o no). Se pueden comercializar tal cual o las podemos utilizar en la decoración de elaboraciones de pastelería, como los roscones de Reyes, o en la elaboración de algunos tipos de turrones. Higos, melocotones, albaricoques, peras, manzanas y naranjas son las frutas más habituales que podemos encontrar confitadas.

- **Frutas glaseadas o escarchadas.** Tienen una cocción muy larga en almíbar. Son muy parecidas a las frutas confitadas, pero se presentan en seco y tienen una capa de azúcar como si fueran cristales; por eso también se denominan escarchadas.

Figura 2.13. Las frutas escarchadas se utilizan para la decoración de postres y tartas.

2.6. ALMENDRAS Y OTROS FRUTOS SECOS

A continuación, veremos las características principales de las almendras y otros frutos secos.

Caracterización

Son aquellos frutos cuya parte comestible posee menos del 50 % de agua. En este grupo encontramos frutos secos de cáscara dura o frutas desecadas. Normalmente tienen un origen arbóreo, pero también provienen de plantas como el girasol o el cacahuete, que pertenece a la familia de las leguminosas, pero a nivel gastronómico se considera fruto seco.

Aspectos nutricionales

Los frutos secos tienen en su mayoría menos del 10 % de agua, con un 20 % de proteínas y un 50 % de lípidos. Son alimentos muy energéticos. Por su alta concentración de ácidos grasos insaturados participan de forma activa en la regulación del colesterol. También tienen una gran cantidad de vitaminas y minerales.

Alimentos más representativos

Podemos distinguir entre:

- **Frutos secos:** nuez de Brasil, cacahuete, avellana, pistacho, almendra, nuez, anacardo, castaña, coco, nuez de macadamia, pacana, pipa de girasol y piñón.

- **Frutas secas:** ciruelas pasas, dátiles, higos secos, orejones y uvas pasas.

Figura 2.14. Los frutos secos se comercializan crudos, tostados o fritos.

2.7. HUEVOS Y OVOPRODUCTOS

Los huevos procedentes de la gallina son los que se utilizan para todas las elaboraciones de pastelería; los huevos procedentes de otras aves se destinan a técnicas culinarias, en cuyo caso debemos nombrarlos siempre con la especie de la que proceden.

Existe gran variedad de huevos de gallina y los fines a los que podemos destinarlos son los siguientes:

- Los **huevos frescos** son los que no han sido tratados, ni conservados, ni refrigerados, son directamente cogidos del ponedero de las gallinas y comercializados. Cuentan con una conservación máxima de 20-30 días. Se destinan a elaboraciones de pastelería y repostería. Este tipo de huevos suele usarse en obradores y pastelerías tradicionales de pueblos y zonas rurales.

- Los **huevos refrigerados** son aquellos que han sufrido un tiempo de refrigeración a una temperatura entre 0 °C y 2 °C; este proceso será como máximo de 30 días dentro de la cámara a dicha temperatura. Se conservarán hasta los seis meses, pero pierden un poco el sabor y la calidad. Son los más utilizados en pastelería.

Figura 2.15. Conservar en el lugar más fresco del almacén o en refrigeración.

- Los **huevos conservados** han sufrido un proceso de conservación durante un tiempo máximo de 30 días; estos se mantendrán a una temperatura cercana a la congelación (-1 °C) para después poder conservarlos un máximo de 6 meses.

- Los **huevos defectuosos** son huevos sucios, con su cáscara dañada, pero que mantienen intacta su membrana. No se utilizan para el consumo directo, sino que son utilizados para la elaboración de ovoproductos.

- Los **huevos averiados** son huevos contaminados que no se pueden consumir y deben desecharse. Tienen un olor y un sabor alterados y son perjudiciales pues están contaminados por alguna bacteria.

- Los **ovoproductos** son materias primas que se obtienen del huevo sin la cáscara. Se utilizan para la elaboración de productos de pastelería. Distinguimos estos tipos:

  - **Líquidos.** Contienen el huevo entero, la clara o la yema solamente.

  - **Secos.** Huevos enteros deshidratados.

  - **Compuestos.** Formados por el 50 % de ovoproductos líquidos mezclados con otras sustancias.

Los ovoproductos son la materia prima más utilizada en la pastelería para evitar contaminaciones, ya que existen elaboraciones en la pastelería donde el huevo no supera la temperatura de 75 °C. Por este motivo, según el Real Decreto 1254/1991, de 2 de agosto, deberemos utilizar dichos productos en establecimientos públicos, en las elaboraciones de consumo inmediato que estén realizadas con huevo. Entre los ovoproductos líquidos encontramos estos tipos:

- **Huevo líquido.** Tiene una composición parecida al huevo, pero ya están mezcladas la yema y la clara, por lo que no podremos utilizarlo en preelaboraciones y elaboraciones que necesiten utilizar clara y yema separadas.

- **Yema líquida.** Sufre un proceso de pasteurización a una temperatura no superior a 65 °C, para eliminar patógenos y agentes contaminantes. Este proceso no será superior a 4 minutos. Este producto se presenta en tetrabrik. Es de gran utilidad para elaboraciones que no puedan superar altas temperaturas. Calcularemos unos 17 g de peso para una yema.

- **Clara liquida.** También es sometida al mismo proceso de pasteurización que la yema y también la encontramos envasada en tetrabrik. Lo utilizaremos para elaboraciones como helados, sorbetes e, incluso, merengues. Si en estas elaboraciones utilizáramos huevo normal no podríamos asegurar que llegara a una temperatura que evitara su contaminación; gracias a utilizar la clara líquida ya pasterizada evitamos riesgos.

Entre los ovoproductos secos encontramos:

- **Clara de huevo en polvo.** Sufre un proceso de liofilización, que consiste en la congelación del producto para separarlo de su agua; conservará todas sus características organolépticas, pero se presentará de forma seca, para después en su utilización hidratarla con el agua que ha perdido (90 %). La utilizamos para el enriquecimiento de las claras utilizadas en distintas elaboraciones, para darles esponjosidad.

- **Yema de huevo en polvo.** Sufre el mismo proceso de liofilización que la clara en polvo. Tiene las mismas características que la yema de huevo normal. La hidrataremos con cinco partes más de agua que de yema, pues es la humedad que ha perdido al ser liofilizada. Sirve para enriquecer yemas para una emulsión más fuerte y consistente.

2.8. GELATINAS, ESPECIAS...

Veremos a continuación sus principales características.

2.8.1. Gelatinas

La gelatina se remonta a la época de los egipcios; los banquetes de la antigüedad eran famosos por sus frutas con gelatina.

La gelatina es una mezcla de sustancia semisólida, incolora, quebradiza, translúcida e insípida, la cual obtendremos a partir del colágeno que se obtiene del tejido conectivo de los animales. Las gelatinas a temperaturas calientes son líquidas, mientras que a temperaturas frías se solidifican. Es una proteína en estado puro. La composición de la gelatina se muestra en la Figura 2.16.

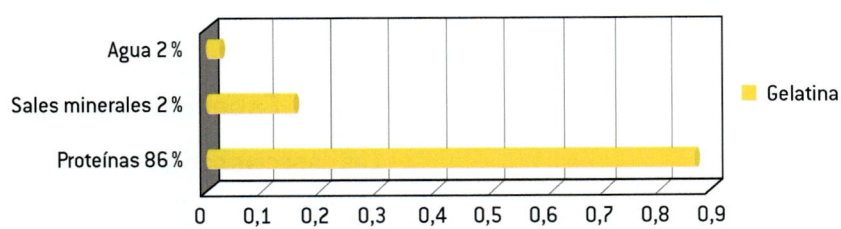

Figura 2.16. Composición de la gelatina.

Encontramos distintas variedades de gelatinas, entre las que distinguimos:

- **Agar-agar.** Alga marina del sur de África, insípida e incolora. Puede absorber un 250 % su peso en líquido formando una gelatina. Se presenta en polvo y gelatiniza gran cantidad de líquido generando un producto duro y compacto. En caliente gelifica, no como las demás gelatinas. También gelatiniza materias primas ácidas que la gelatina normal no puede; por el contrario, el agar-agar no gelatiniza las materias grasas.

Figura 2.17. Dejaremos reposar de 6-8 horas las elaboraciones con gelatina de pescado para que gelatinicen correctamente.

- **Cola de pescado u hojas de gelatina.** Son las más utilizadas en las elaboraciones de pastelería. Pueden absorber ocho veces su peso en agua. Las rehidrataremos en agua fría durante un mínimo de 20 minutos y calentaremos el líquido donde vayamos a deshacerlas a más de 40 °C; nunca debe llegar a hervir, pues perdería su función de gelatinizar. Se coagula a 16 °C.

- **Gelatina neutra.** Tiene las mismas características que las hojas de gelatina, pero en polvo. Un sobre de gelatina neutra de 8 g equivale a seis hojas de gelatina. Para su utilización herviremos 250 ml de agua, y en otros 250 ml diluiremos el sobre. Mezclaremos con el agua caliente. Tampoco coagula con frutas ácidas.

- **Gelatina saborizada.** Gelatina neutra a la que se ha añadido sabor y color. La utilizaremos para elaboraciones de pastelería. Podemos añadir azúcares y esencias.

- **Pectina.** Es de origen vegetal, que se extrae de la manzana y de la pera. Aguanta más tiempo sin deshidratarse que las demás gelatinas. Debemos diluirla siempre con algún líquido azucarado y tibio, pues se crean grumos si lo hacemos de otro modo.

2.8.2. Especias

Figura 2.18. La canela tiene aroma no sabor.

Las especias son las utilizadas como aromas naturales. Son materias primas que añadiremos a las elaboraciones para estimular y reforzar el aroma. Realmente, los aromas no tienen ningún sabor, sino que simplemente dan olor; por eso nunca podremos decir, por ejemplo, que una elaboración sabe a canela, sino que por su aroma sabemos que es de canela. Encontramos gran variedad de aromas, tanto naturales como artificiales.

Los aromas naturales son todos aquellos que sacamos de frutas, especias y licores:

- **Anís.** Semillas aromáticas originarias de Egipto. Las utilizaremos para aromatizar pastas secas y masas.

- **Canela.** Especia que surge de la corteza de la rama del canelo. La podemos encontrar en rama o molida. Su aroma es fuerte. La utilizaremos siempre con precaución, para cremas, masas, helados y pasteles varios. También la podemos usar en rama para decorar postres en restauración.

- **Vainilla.** Surge de las vainas secas y curadas de una planta orquídea. Son de color castaño oscuro y rugosas. La utilizaremos para cremas, salsas, helados, jarabes, etcétera. No utilizaremos mucha cantidad, pues puede dar un toque amargo a las elaboraciones.

Figura 2.19. Podremos reutilizar las vainas de vainilla por su intenso aroma y sabor.

- **Menta.** Hojas de pequeño tamaño en forma de espiga, de color verde brillante y un poco rasposas al tacto. Las utilizaremos para aromatizar cremas, decorar platos, etcétera. Es de un aroma muy fuerte.

- **Piel de cítricos.** Utilizaremos solamente la parte de color de la piel; quitaremos siempre la piel blanca que separa la piel de la pulpa, ya que esta puede dar un sabor desagradable. La confitaremos para que tenga un sabor más agradable, si es que deseamos que se consuma; si no, las utilizaremos para aromatizar cremas, salsas, masas y bizcochos.

- **Agua de azahar.** Es una mezcla entre la flor del azahar y agua. La utilizaremos para aromatizar cremas, *mousses* y salsas, y también para hacer como un tipo de glasa con azúcar para adornar y aromatizar un postre típico de Navidad, el roscón de Reyes.

- Otro tipo de especias que podemos utilizar son las de la pastelería salada; entre ellas están el orégano, la pimienta, la nuez moscada y el tomillo. Las utilizaremos en pequeñas cantidades, simplemente para aromatizar las elaboraciones realizadas con carne, pescado y verduras de la pastelería salada.

2.9. DISTINTAS CLASES DE «MIX»

Los «mixes» de pastelería se caracterizan por ser mezclas de preparaciones básicas a las cuales simplemente les debemos añadir un líquido o una grasa para elaborarlas. Son preparados deshidratados, los cuales dan lugar a bizcochos, *muffins*, cremas de diferentes sabores, *mousses*, etcétera.

Este tipo de preparados son muy comunes en las pastelerías de los hoteles y de los restaurantes que realizan una pastelería básica, ya que son productos que funcionan fácilmente; no es necesario tener un alto conocimiento en técnicas de pastelería, pues las mezclas ya están disponibles y simplemente se deben seguir las instrucciones de uso para elaborar dichos postres básicos. Entre estas mezclas encontramos las siguientes:

- **«Mix» para bizcochos y planchas.** Este preparado se mezclará con agua aplicándole un batido enérgico para conseguir la emulsión. Hay algunos preparados que ya vienen aromatizados; en su defecto, si es un «mix» de bizcocho neutro podríamos aromatizar con aromas naturales o artificiales.

- **«Mix» de nata.** También conocida como nata vegetal, es una crema de nata que se utiliza del mismo modo que la nata común, pero al ser de origen vegetal no tiene un alto nivel de materia grasa, lo que evita que al montar la nata esta pueda cortarse y separarse la materia grasa del suero.

- **«Mix» de *brownies*, bizcocho de chocolate.** Este tipo de «mix» es un preparado con el cual podremos elaborar *brownies*, bizcochos de chocolate o *coulant*, siguiendo las instrucciones de dicho preparado; modificando las medidas del líquido a añadir y la cocción podremos elaborar diferentes bizcochos.

- **«Mix» de crema pastelera.** Producto al cual se le mezcla agua o leche dependiendo de la calidad a obtener y se emulsiona con la ayuda de unas varillas, obteniéndose rápidamente una crema pastelera de un gran sabor y textura.

2.10. PRODUCTOS DE DECORACIÓN

Dentro de la pastelería podemos realizar decoraciones muy sencillas que vestirán, cubrirán fallos y darán el toque fino al producto a embellecer.

Existen varios tipos de decoraciones sencillas entre los que encontramos los baños. Estos son los que se utilizan para cubrir tartas y postres variados para que tengan un aspecto lustroso, brillante y llamativo, características muy arraigadas en las presentaciones básicas de pastelería. Debemos tener en cuenta que este tipo de decoración suele ser muy pesada a la hora de consumirla, puesto que suelen usarse elementos grasos como el chocolate, el azúcar o el fondant. Por tanto, estos tipos de decoraciones no deberán ser nunca la parte principal del plato, ya que son un mero acompañamiento del género principal que viste al plato y lo hace irresistible.

Podemos realizar baños de cobertura de chocolate, baños de yemas, baños de mantequilla o baños de brillo de azúcar. El baño podemos aplicarlo directamente en el género principal formando una pequeña capa que lo cubra. Con él también podemos tapar pequeños defectos que hayan surgido en su elaboración.

También utilizaremos los baños de cobertura para hacer pequeños dibujos en el plato, como gotas, telas de araña o círculos concéntricos, jugando con diferentes colores de baño o mezclando con *coulis* de frutas para crear un pequeño cuadro en el plato que realzará el género principal. Los baños también se pueden servir calientes, aunque estos recibirán el nombre de salsa, ya que no serán tan densos como en frío.

Los escarchados son decoraciones sencillas realizadas con su materia prima principal, que es el azúcar. Tienen un toque crujiente y muy dulce. Se utilizan para decoraciones de frutas, bizcochos, pastas, *mignardises* y, en la actualidad, se están comenzando a escarchar flores comestibles que dan mayor vistosidad al plato. Dentro de la pastelería podemos realizar decoraciones muy sencillas que vestirán, cubrirán fallos y darán el toque fino al producto a embellecer.

Podremos utilizar diferentes materias primas para las decoraciones, entre ellas destacan:

- Frutas de pequeño tamaño como los frutos rojos: grosellas, arándanos, moras y fresas silvestres. También se utilizan frutas tropicales como physalys, kumquats, carambola, etcétera. Este tipo de frutas se pueden utilizar al natural colocándolas encima de los postres para darles un toque de color y decoración. También podemos escarcharlas o mojarlas en almíbar para darles un toque más brillante.

- Las técnicas elaboradas con azúcar dan lugar a majestuosas decoraciones que aportan un toque de elegancia y belleza al plato. En este grupo encontramos desde pequeñas figuras realizadas con caramelo, flores realizadas con pastas de goma o de azúcar, hasta merengues secos tipo macarons. Utilizaremos el azúcar común para realizar este tipo de decoraciones; también podemos apoyarnos en el azúcar isomalt, que es más fácil de trabajar y no adquiere tanta humedad.

- Las coberturas de chocolate son la materia prima por excelencia para realizar rejillas, virutas, figuras, borduras, canutillos, abanicos, etcétera. Se pueden realizar directamente con la cobertura o jugando con diferentes tintes especiales para el chocolate y, de esta forma, ampliar la gama de colores con las que jugar en los diferentes acabados.

- En la actualidad se han comenzado a realizar unas simples decoraciones llamadas «tierras o *crumble*» que se pueden elaborar de diversas formas: desde bizcochos secados en el horno para después rallarlos o triturarlos, hasta masas quebradas azucaradas que se quedan secas y se asemejan a la tierra.

MAPA CONCEPTUAL

Materias primas

- Harina: clases y usos
- Mantequilla y otras grasas
  - Grasas vegetales
  - Grasas animales
  - Grasas hidrogenadas
- Tipos azúcar y edulcorantes
  - Variedad de azúcar y aplicaciones
- Cacao y derivados: tipos de cobertura de chocolate
- Tipos de frutas y derivados
  - Frutas tropicales
  - Frutas con hueso
  - Cítricos
  - Bayas
  - Frutas con semillas
  - Productos elaborados a partir de frutas
- Almendras y otros frutos secos
- Huevos y ovoproductos
- Gelatinas y especias
  - Agar-agar, colas de pescado, etc.
  - Especias, frutas, licores
- Clases de «mix»
- Productos de decoración

GLOSARIO

ADITIVOS: sustancia que añadimos a los alimentos para mejorar sus cualidades organolépticas, conservar los alimentos, o su inocuidad, su frescura, potenciar su sabor, o dar un mejor aspecto y color a los alimentos. Los aditivos deberán estar evaluados y permitido su uso para los alimentos, marcando la cantidad estipulada correcta.

ALBÚMINA: proteína que utilizaremos en polvo para sustituir la clara de huevo —ya sea de ovoproductos o fresca— cuando tengamos alguna elaboración en la que no podamos usarla por la temperatura, la textura o simplemente para facilitar la elaboración y consistencia.

ALMIDÓN: lo encontramos generalmente entre el germen y el salvado del maíz. Lo utilizaremos como espesante. Para espesar cremas, ligar salsas o para bizcochos ligeros.

ANTIOXIDANTES: los frutos del bosque son ricos en dichos compuestos que ayudan a prevenir el envejecimiento celular. También aportan el color rojizo, azulado y morado a los frutos del bosque tan característicos.

CARBOHIDRATOS: encontraremos dicho nutriente en alimentos y bebidas como moléculas de azúcar. Serán los que nos proporcionen mayor energía al organismo.

CONSERVANTES: utilizaremos dichas sustancias químicas para impedir o prorrogar la descomposición de los alimentos.

CUALIDADES ORGANOLÉPTICAS: características sensoriales que encontramos en las diferentes materias primas que podemos usar en las elaboraciones de repostería.

FÉCULA: sustancia blanquecina que utilizaremos como espesante o estabilizante, surge de tubérculos y raíces. Se deberá diluir en líquidos fríos para después calentarla, puesto que en caliente crea grumos. No cambia el sabor de las elaboraciones, se puede usar tanto para elaboraciones saladas como dulces.

GASIFICANTES: materia prima química que realiza las mismas funciones que las levaduras naturales.

HOMOGÉNEA: en la mezcla los ingredientes se han mezclado entre sí, formando un solo producto uniforme.

INFLORESCENCIA: grupo de flores comestibles; en cocina serán aquellas hortalizas que son comestibles, como las alcachofas.

INSÍPIDO: aquello a lo que le falta sabor o no tiene ninguno.

OLEAGINOSAS: plantas que contienen semillas de las que se extrae aceite para uso alimentario.

PECIOLO: cabeza o también llamado *rabillo* de las frutas o verduras.

PROTEÍNAS: nutrientes encargados de fortalecer los huesos, piel y músculos; las encontramos en los alimentos.

ACTIVIDADES DE COMPROBACIÓN

2.1. Cómo obtendremos la harina:

    a) Mediante la cocción de semillas de trigo.

    b) Mediante la molienda de granos de los cereales.

    c) Mediante la mezcla de la molienda de gasificantes.

2.2. La espelta es un cereal:

    a) Con escaso rendimiento, con un alto contenido en fibra y carbohidratos.

    b) Cereal por excelencia para la elaboración de aguardientes.

    c) Rico en vitaminas, tres veces mayor que el trigo común.

2.3. El aceite de coco se caracteriza por:

    a) Es de color amarillo en su estado natural y de color blanco en su estado líquido.

    b) Es de color blanco en su estado natural y de color amarillo en su estado líquido.

    c) Se oxida al aumentar su temperatura.

2.4. La manteca de cerdo la usaremos en pastelería para:

    a) Bizcochos y hojaldres.

    b) Masas azucaradas y bizcochos.

    c) Masas de pan y bollería.

2.5. La glucosa es un:

    a) Azúcar natural que se extrae de las frutas.

    b) Azúcar triturado en partículas muy finas que se disuelve rápidamente.

    c) Líquido incoloro, jarabe viscoso y transparente. Se extrae de la sacarificación del almidón.

2.6. El azúcar avainillado se obtiene:

    a) Por la separación química de la molécula de la sacarosa en los dos monosacáridos que lo componen.

b) Productos antihumedad junto con azúcar glasé.

c) Azúcar blanco al que se la ha añadido esencia de vainilla.

2.7. El chocolate con leche surge de:

a) Chocolate negro al que se le ha añadido una pequeña cantidad de fécula.

b) Derivado de cacao. Su proporción de cacao suele estar por debajo del 40 %.

c) No se trata de chocolate, pues carece en su composición de pasta de cacao.

2.8. También llamamos al alquejenje con el nombre de:

a) Physalys.

b) Fruta de la pasión.

c) Carambola.

2.9. La carambola al cortarla tiene una forma curiosa parecida a una:

a) Estrella.

b) Luna.

c) Cometa.

2.10. De qué manera podemos utilizar los plátanos:

a) Solamente en su estado natural.

b) Deshidratados y maduros únicamente.

c) En su estado natural, pelándolos, en ensalada, batidos, caramelizados, rebozados o fritos y desecados.

2.11. El paraguayo está dentro de la clasificación de frutas con hueso y se caracteriza por:

a) Ser de color anaranjado.

b) Color rojizo con tonos amarillentos.

c) Mutación del melocotonero de color verde con tonos rosáceos.

2.12. **Dentro de algunas de las variables de mandarinas encontramos:**

a) Tudla, clementina, camarosa, nectarina.

b) Clementina, clemenvilla, híbrido, satsuma.

c) Satsuma, grosella, coulis, Galia, blanquilla.

2.13. **La mermelada extra deberá llevar un porcentaje de fruta del un:**

a) 30 %.

b) 50 %.

c) 75 %.

2.14. **Los frutos secos se caracterizan por ser:**

a) Alimentos muy energéticos y tener alta concentración en ácidos grasos.

b) Alimentos exentos de proteínas y no participar de forma activa en la regulación de colesterol.

c) Alimentos pobres en vitaminas y minerales.

2.15. **Los huevos refrigerados se conservan hasta:**

a) 6 meses.

b) 7 meses.

c) 8 meses.

2.16. **Los huevos defectuosos son aquellos:**

a) Que han sufrido un proceso de conservación de un máximo de 30 días.

b) Son huevos sucios con su cáscara dañada, pero que mantienen intacta su membrana.

c) Huevos contaminados que no se pueden consumir y deben desecharse.

2.17. **La gelatina es líquida:**

a) A temperaturas frías.

b) A temperaturas de congelación

c) A temperaturas calientes.

2.18. **La piel de los cítricos la utilizaremos para:**

    a) La parte del color de la piel quitando la parte blanca.

    b) La parte del color de la piel íntegramente llegando a la pulpa.

    c) Triturando el cítrico completo para aromatizar las elaboraciones.

2.19. **Entre los aromas naturales encontramos:**

    a) Especias, salsas y bayas.

    b) Frutas, gelatinas y masas.

    c) Frutas, especias y licores.

2.10. **Uno de los azúcares que podemos usar para realizar decoraciones por no adquirir tanta humedad es el:**

    a) Azúcar glasé.

    b) Azúcar isomalt.

    c) Azúcar candy.

ACTIVIDADES APLICACIÓN

2.1. ¿Cuántos tipos de miel encontramos en el mercado? Identifícalos.

2.2. ¿Aparte de la harina de trigo, que otro tipo de cereal encontramos en el mercado?

2.3. ¿Qué nombre recibe también la pitahaya?

2.4. ¿Cuáles son las propiedades organolépticas de los frutos secos: cacahuetes, avellanas, pistachos y nueces de macadamia?

2.5. Elabora una presentación de hierbas aromáticas que podamos utilizar en postres.

2.6. Para qué utilizaremos las decoraciones en los postres. Justifica tu respuesta.

2.7. ¿Qué tipo de postres realizaremos con las frutas escarchadas?

2.8. Elabora las fichas técnicas de dos bizcochos con huevos frescos y dos bizcochos con ovoproductos, después realiza su elaboración en el taller y comprueba la diferencia entre su elaboración y producto final y justifica el trabajo final.

2.9. Busca información sobre diferentes mix y su forma de uso, plasmándolo en una presentación.

2.10. ¿Qué tipos de materias primas usaremos para realizar decoraciones?

ACTIVIDADES AMPLIACIÓN

2.1. Realiza un mural de fruta tropicales con fotos y sus características organolépticas.

2.2. Elabora una cata a ciegas con diferentes bayas en el grupo de clase, comprobando sus características organolépticas y posibles elaboraciones después de su cata.

2.3. Realiza un proceso de maduración en alcohol de los caquis. Justifica y controla dicho proceso.

2.4. Busca variedades de coberturas de chocolate negro por porcentajes de cacao y realiza una cata.

2.5. Ejecuta los diferentes puntos del azúcar en el taller con azúcar común.

CASOS PRÁCTICOS

2.1. Realiza dos postres con fruta tropical, un postre con fruta de hueso, un postre con cítrico, un postre con bayas, un postre con frutas de semillas, dos postres a partir de productos elaborados de frutas y realiza un montaje de bufé con su decoración correspondiente.

2.2. Ejecuta en diferentes grupos en el taller el azúcar *fondant* y el azúcar invertido para utilizarlos en diferentes elaboraciones en el taller.

3. Preparaciones básicas de múltiples aplicaciones propias de repostería

Contenidos

INTRODUCCIÓN

En la repostería encontramos unas preparaciones básicas que necesitan de un cuidado especial para realizarlas, ya que el trabajo en repostería es muy fino y delicado. Las piezas son de un tamaño muy pequeño, con mucho detalle, por lo que debemos tener mucho cuidado a la hora de realizarlas.

Existen múltiples preparaciones que nos ayudarán a confeccionar postres únicos. Debemos tener en cuenta que muchas de estas elaboraciones se realizan en la pastelería tradicional, pero de una forma más elaborada y perfeccionada.

Las elaboraciones a nivel industrial nos facilitan el trabajo en nuestro establecimiento, bajando el nivel de producción en nuestro obrador o restaurante y también bajando costes, ya que suelen tener un precio muy asequible.

3.1. MATERIAS PRIMAS EMPLEADAS EN REPOSTERÍA

Como ya hemos explicado en la unidad anterior, las materias primas son muy importantes para conseguir unas preparaciones de calidad en repostería. Estas deberán mantener sus cualidades organolépticas correctamente y debemos tratarlas siempre siguiendo las normas higiénico-sanitarias correctas para evitar contaminaciones cruzadas e infecciones que podrían causar un gran problema en nuestros consumidores.

Figura 3.1. Elaboraciones de repostería más finas y llamativas.

Las materias primas utilizadas en repostería suelen tener un menor calibre, ya que el tamaño de nuestros postres será menor, por lo que trabajamos con frutas de menor tamaño; las elaboraciones básicas a realizar con cualquier materia prima deberán realizarse de un tamaño menor para así evitar cortes innecesarios.

La repostería requiere mayor dedicación y pulcritud, y un trabajo mucho más fino.

3.2. PRINCIPALES PREPARACIONES BÁSICAS. COMPOSICIÓN Y ELABORACIÓN. FACTORES A TENER EN CUENTA EN SU ELABORACIÓN Y CONSERVACIÓN. UTILIZACIÓN

Dentro de la repostería podemos elaborar una amplia variedad de preparaciones básicas, entre las que encontramos elaboraciones a base de azúcar, diferentes variedades de cremas, una gran variedad de postres con frutas y chocolates. También encontramos diferentes preparaciones básicas confeccionadas con frutos secos, con los cuales podemos realizar tanto cremas como masas, las cuales son también una preparación básica a destacar.

3.2.1. Elaboraciones a base de azúcar

Son preparaciones básicas compuestas principalmente por azúcar acompañada de algún otro elemento que no es el principal, normalmente un líquido. Entre la amplia variedad comentamos las más comunes:

- **Jarabe.** Disolución de azúcar con agua, la cual se calienta para conseguir la densidad deseada dependiendo de su utilidad. Los jarabes más conocidos y más utilizados son los que conseguiremos con el punto del azúcar, y diferenciamos los siguientes:

  - **Almíbar.** Solución de agua con azúcar hervido a 100 ºC. La utilizaremos para emborrachar tartas, glasear y conservar frutas.

  - **Hebra floja.** Su densidad será de 33 ºBaumé, 104 ºC. La utilizaremos para glaseados de azúcar, para glasear frutas o decorarlas, para cremas y rellenos varios.

  - **Hebra regular o media.** Su densidad es de 35 ºBaumé, 108 ºC. La utilizaremos para la yema pastelera o el huevo hilado.

  - **Hebra fuerte.** Su densidad será de 38 ºBaumé, 113 ºC. La utilizaremos para realizar mazapanes que no tengan mucha consistencia y merengues como el italiano.

  - **Soplo o burbuja.** 116 ºC. Se utiliza para realizar el fondant, los merengues y las almendras quemadas.

  - **Burbujas encadenadas.** 118 ºC. Lo utilizaremos para conseguir un fondant mucho más resistente.

  - **Bola floja.** 120 ºC. La utilizaremos para elaboraciones como mermeladas, caramelos de crema y turrones.

  - **Bola fuerte.** 124 ºC. La utilizaremos para bombones y mazapanes.

  - **Caramelo rubio.** Su temperatura será entre 130 ºC y 135 ºC. La disolución comenzará a coger un color amarillento dorado. Lo utilizaremos para decoraciones de azúcar, cremas de *toffee*, y para el estirado y el soplado del azúcar.

- **Glasa de azúcar.** Elaboraciones cuyo ingrediente principal es el azúcar mezclado con un líquido. La utilizaremos para las decoraciones de las galletas.

- **Fondant.** Este tipo de fondant no es el fondant que ahora mismo conocemos y que se utiliza para cubrir tartas y que es como una pasta moldeable de azúcar. Este fondant tiene una textura un poco más dura que la glasa real. Lo utilizamos para cubrir tartas o pasteles y darles un aspecto glaseado, pero no es tan consistente como la pasta de fondant.

3.2.2. Elaboraciones de cremas básicas

Entendemos por crema una elaboración con una consistencia cremosa que se usa para postres o para platos salados como acompañamiento. Encontramos una gran variedad de cremas dependiendo de su elaboración, materias primas, etcétera. Las cremas pueden ser dulces o saladas y son una de las elaboraciones bases de la pastelería dando lugar a no solamente cremas, sino a derivados de postres con el acompañamiento de estas. Las clasificamos en:

- **Cremas a base de huevo.** Son cremas con las cuales debemos tener un cuidado especial, pues su materia prima principal es el huevo, como su propio nombre indica, pero el huevo es el alimento que más favorece al desarrollo de microbios y bacterias, que podría llegar a producir una salmonelosis. Su manipulación deberá de ser excesivamente higiénica.

- **Cremas con nata.** Encontramos dos variantes de este tipo de cremas, la que da nombre a la misma nata montada y la trufa. Este tipo de cremas se caracterizan por tener una gran untuosidad y ser muy grasas; por tanto, pueden resultar pesadas.

- **Cremas con fruta.** Son aquellas cuya composición, en su totalidad o en gran parte, es de fruta. Las cremas con fruta las podemos encontrar de dos formas:

  - **Solamente con fruta.** En un glaseado de fruta o *coulis*, solamente utilizaremos fruta, la cual coceremos con un almíbar ligero y después trituraremos hasta conseguir la consistencia deseada.

  - **Mezcla de otras cremas base.** Será una mezcla del glaseado de

Figura 3.2. La crema de toffee podremos usarla como relleno o como salsa.

frutas con una crema base. Este tipo de crema se parecerá más a un *mousse*, pero sin la consistencia de este.

- **Cremas con base de caramelo.** Son cremas a base de azúcar y agua a la cual le añadiremos un lácteo (nata o leche) dependiendo de la textura deseada. Dentro de las cremas y de los rellenos con caramelo encontramos la crema de *toffee* rubia y la crema de *toffee* oscura. Para realizar estas cremas es muy importante controlar la elaboración del caramelo, por lo que debemos usar un azúcar de calidad.

3.2.3. Elaboraciones a base de frutas

Son preparaciones básicas donde la materia prima principal es la fruta, la cual debe estar en óptimas condiciones de frescura y cualidades organolépticas. Las más comunes son las siguientes:

- **Compota.** Elaboración preparada con trozos de frutas frescas. Estas siempre deben mostrar un buen aspecto y no presentar un posible estado de putrefacción. Por ello, siempre nos decantaremos por frutas frescas que mantengan todas sus características organolépticas. Algunas compotas pueden acompañarse de frutos secos para lograr un sabor más jugoso.

- **Confitura.** Este tipo de elaboración es una de las más tradicionales en pastelería y se basa en la cocción. Dicho método se empleaba antiguamente para el mantenimiento de las frutas frescas con el objeto de que estas se pudieran conservar con mayor facilidad y durante más tiempo. El proceso consiste en la cocción de las frutas en un almíbar junto con la fruta hecha puré; si la fruta que se utiliza no es rica en pectina, se le añadirá para lograr una acción gelificante.

Podemos preparar todo tipo de confituras con la amplia variedad de frutas que

Figura 3.3. La elaboración del cabello de ángel es muy costosa y delicada.

encontramos en el mercado, siempre teniendo en cuenta que algunas tendrán mayor o menor dulzor y más o menos cantidad de agua, por lo que se deberá modificar la cantidad de almíbar según el caso. Las confituras se pueden servir solas como acompañamiento en desayunos o también como grandes acompañantes de salsas y cremas, a las que dan una textura y un sabor característicos.

- **Mermelada.** Aunque este tipo de elaboración es un método de conservación tradicional, a diferencia de las confituras, la mermelada se elabora con trozos de fruta con piel, pues esta suele ser muy rica en pectina. Ello hace posible no tener que añadir pectinas a la preparación, como sucede con las confituras.

  La mermelada puede realizarse también con cualquier tipo de fruta, siempre y cuando esta mantenga sus cualidades organolépticas. Cabe destacar que, si usamos frutas más maduras, el dulzor de la mermelada será mayor y también su tiempo de conservación, pues el azúcar es uno de los mejores conservantes naturales.

- **Gelatina.** Es una elaboración a base de zumos de frutas o bebidas alcohólicas a las cuales añadimos azúcar y hojas de gelatina. Dependiendo del agua que contenga la fruta a utilizar debemos añadir más o menos gelatina. Si utilizamos frutas con hueso, primero las coceremos en un almíbar y, a continuación, añadiremos las hojas de gelatina al almíbar para que cuaje.

  Las gelatinas quedan como algo parecido a un flan, pero de un color transparente o del color obtenido por la fruta utilizada. En postres de restauración se elaboran los conocidos aspic, que son moldes de flan donde se han metido frutas a modo de decoración y luego se han cubierto con una gelatina neutra aromatizada.

- **Cabello de ángel.** Es una elaboración que surge de la cidra o cabello de ángel, de la familia de las calabazas; es más bien una calabaza de invierno, aunque su aspecto recuerda más al de una sandía. Su piel es de color verde, y su pulpa es de color blanco y muy fibrosa.

3.2.4. Elaboraciones con chocolate

El chocolate es una de las materias primas más utilizada en la repostería, ya que acompaña muy bien a las demás materias primas y da un sabor característico a las pequeñas elaboraciones. Entre las elaboraciones más comunes encontramos las siguientes:

- **Baño de cobertura.** También llamado cobertura de tartas o glaseado. Estos nombres surgen del ingrediente principal, que es la cobertura de chocolate. Podemos utilizar diferentes coberturas, pero la más utilizada es la cobertura negra, puesto que es la que más brillo y consistencia dará al baño. En los baños de chocolate encontramos variedades diferentes; dependerá de la materia prima que utilicemos y también de para qué lo usemos.

- **Trufa.** Las trufas se caracterizan por tener una forma redondeada que recuerda a la trufa que se utiliza en cocina para aromatizar, la cual es un hongo que

Figura 3.4. Podremos rebozar las trufas en cacao en polvo, fideos de chocolate o frutos secos garrapiñados.

se extrae de la tierra; de esta similitud surge su nombre.

Las trufas son un postre esencial de los *petit fours* o repostería fina. Son postres de bocado, es decir, de un pequeño tamaño. Las trufas surgen de una crema base de nata, pero con una mayor cantidad de cobertura de chocolate; a esta se le añade también una parte de grasa (mantequilla), gracias a la cual las trufas tendrán más untuosidad y finura. Necesitaremos como mínimo un 15 % de grasa en relación con la cantidad de crema base de nata. Encontramos grandes variedades de trufas, ya que estas pueden ser aromatizadas con cualquier aroma o licor y elaboradas con varios tipos de cobertura y frutos secos.

- **Decoraciones con chocolate.** Este tipo de decoraciones dependerá de la creatividad y de la destreza del profesional. Necesitamos un gran conocimiento de las diferentes coberturas, de todos los utensilios para trabajar el chocolate, de la maquinaria que nos hace más fácil su templado y de los pequeños trucos a los que podemos recurrir para conseguir que las decoraciones culminen siendo llamativas y profesionales.

  Para realizar este tipo de decoraciones es importante utilizar coberturas de buena calidad, que no excedan en manteca de cacao porque las hará más fluidas, siendo más complicada de trabajar la cobertura blanca, ya que sería prácticamente en su totalidad manteca de cacao.

  Un templado correcto, en el que se cuide la temperatura de la cobertura, del obrador y de los utensilios, utilizando coberturas de calidad y trabajando con gran destreza, darán lugar a impresionantes piezas decorativas.

3.2.5. Elaboraciones con frutos secos

Existe una amplia variedad de frutos secos, como hemos podido ver al hablar de las materias primas, que podemos usar para diferentes elaboraciones básicas como estas:

- **Praliné.** Surge de una crema base de caramelo que modificamos el añadirle un lácteo por un fruto seco. Podemos utilizar los pralinés para rellenar bombones, piezas de bollería o bizcochos.

- **Crema de almendras.** Es una elaboración ligera aun siendo sus principales ingredientes los frutos secos y la materia grasa. Se utiliza en la repostería tradicional, como las anguilas de Barcelona, y como relleno de masas escaldadas. Se suele usar la misma cantidad de materia grasa, azúcar y frutos secos; para aligerarla y darle mayor untuosidad se le suele añadir clara de huevo o huevos enteros.

- **Crocant.** Frutos secos tostados y caramelizados con la misma cantidad de azúcar para después molerlos o dejarlos en pequeños trozos para decorar diferentes piezas de repostería.

- **Nugatine.** Misma elaboración que los *crocants,* pero su fruto seco principal es la nuez, y en vez de triturarlo se realiza una placa fina estirada en un silpat para después cortar trozos medianos y utilizarlos para decorar.

3.2.6. Masas y otras

Las masas se utilizan como base de muchas de las elaboraciones básicas de repostería y entre las más importante tenemos las siguientes:

- **Hojaldre.** Es una masa en la cual intercalamos una grasa haciendo pliegues, para convertirla en una pieza crujiente con volumen y uniforme. Las características del hojaldre son:

  - Masa consistente; no es aconsejable un amasado excesivo.

  - Tres fases: plastón, incorporación de la grasa y pliegues.

  - Habilidad y cuidado con el rodillo para la obtención de un buen laminado.

  Con esta masa podemos realizar muchas variedades de productos, desde grandes a pequeños dulces, salados, rellenas o sin relleno.

- **Masa batida o bizcocho.** Es un elemento esponjoso que surge de la emulsión de los huevos con el azúcar al que añadimos una carga de harina, realizando una cocción controlada, lo que da lugar a bizcochos esponjosos y dulces. Encontramos varios tipos de masas batidas entre las que destacan las siguientes:

  - **Bizcochos superligeros.** Son aquellos en los que gran parte de su carga (harina) es sustituida por harina de maíz, la cual hace que el bizcocho sea más esponjoso. Su cocción será mucho más corta y las piezas suelen ser de un menor tamaño. También son conocidos como bizcochos espuma.

  - **Bizcochos ligeros.** La única grasa utilizada en su elaboración es la grasa que aporta la yema de huevo. Son bizcochos de una gran esponjosidad, pero pueden parar secos ya que tienen poca cantidad de grasa, por lo que se recomienda realizar un baño de almíbar para su utilización en diferentes postres de repostería.

- **Bizcochos pesados.** Se caracterizan por contener grasa en las materias primas utilizadas en su elaboración. Resultan menos esponjosos que los bizcochos ligeros. Aunque son más compactos no tienen ese punto de sequedad de los anteriores bizcochos, por lo que en muchos de ellos podremos prescindir del almíbar o del licor para emborracharlos, ya que, aunque sean menos esponjosos son muy agradables de comer, incluso sin ninguna elaboración como acompañamiento. Normalmente necesitan de impulsor.

- **Bizcochos al vapor.** Estos bizcochos se caracterizan por realizar su cocción al vapor o al baño maría, en la cual adquieren una textura muy aireada. Se suelen realizar principalmente con yemas; de ahí su color característico, más amarillento. No necesitan grasa, ya que la yema la aporta en exceso. Su elaboración es idéntica a la de los bizcochos ligeros.

- **Bizcochos especiales.** Se caracterizan por tener la base común de un bizcocho ligero, al cual se le añaden ciertas materias primas que los hacen únicos y especiales. La materia prima es la que suele darle el nombre característico a dicho bizcocho. Son los más utilizados en la pastelería de autor. Su elaboración es más costosa.

- **Masa escaldada.** Esta masa se fundamenta en una elaboración donde se escalda la harina en un líquido graso para deshidratarla y posteriormente se vuelve a hidratar con un ovoproducto, para pasar finalmente a su horneado y su terminado mezclada con otro tipo de elaboraciones cremosas.

Figura 3.5. Podremos rellenar los profiteroles de diferentes cremas dulces.

- **Masa azucarada.** Se incluye en la clasificación de masas quebradas, dentro de la cual encontramos:

  - Pasta brisa.

  - Pasta *sableux*.

  - Pasta para fondos.

  - Pasta azucarada.

Las masas azucaradas, también llamadas friables, tienen poco cuerpo y son muy quebradizas, pero después de su horneado resultan muy crujientes. Son difíciles de conseguir, ya que requiere unos conocimientos previos en amasado para conseguir un producto perfecto y adecuado para las elaboraciones de masas quebradas.

3.3. PREPARACIONES BÁSICAS DE MÚLTIPLES APLICACIONES A BASE DE: AZÚCAR, CREMAS, FRUTAS, CHOCOLATE, ALMENDRAS, MASAS Y OTRAS. COMPOSICIÓN, FACTORES A TENER EN CUENTA EN SU ELABORACIÓN, CONSERVACIÓN Y UTILIZACIÓN

3.3.1. Elaboraciones a base de azúcar

Este tipo de elaboraciones se suelen usar para endulzar o decorar diferentes elaboraciones.

Glasa al agua

Ingredientes

- 375-425 g azúcar glasé
- 50 ml agua

Elaboración

1. *Mise en place* de las materias primas y del utillaje.
2. Tamizaremos el azúcar glasé.
3. Introduciremos en un bol de acero inoxidable el agua, e iremos añadiendo el azúcar glasé poco a poco, hasta conseguir una mezcla de aspecto lechoso menos compacta que la glasa real.

3.3.2. Elaboraciones de cremas básicas

Como crema a base de huevos encontramos la crema sabayón o zabaione.

Crema sabayón o zabaione

Ingredientes

- 200 g yemas
- 200 g azúcar
- 200 ml vino, licor o champán

Elaboración

1. *Mise en place* de las materias primas y del utillaje.
2. Calentaremos el licor con la mitad del azúcar.
3. Blanquearemos las yemas con la otra mitad del azúcar.
4. Pondremos las yemas al baño maría e iremos añadiendo el licor poco a poco mientras seguimos emulsionando. Así lo haremos hasta obtener una masa ligera y esponjosa. Utilizaremos la crema caliente o fría, pero nada más terminarla. Si deseamos utilizarla fría, le daremos un golpe de abatidor.

Como crema a base de nata encontramos el chantillí.

Chantillí

Ingredientes

- 1 l nata montada
- 300 g azúcar
- 15 claras de huevo
- Una pizca de vainilla

Elaboración

1. *Mise en place* de las materias primas y del utillaje.
2. Montaremos la nata con varillas o a máquina sin azúcar.
3. Realizaremos un almíbar a 135 ºC (hebra fuerte). Con una batidora, batiremos las claras; cuando estén a mitad de batir, añadiremos el almíbar en hilo fino y seguiremos batiendo hasta que estén frías.
4. Mezclaremos la nata con el merengue.

Como crema a base de frutas explicamos el *coulis* de kiwi.

Coulis de kiwi

Ingredientes

- 300 ml agua
- 750 g kiwi
- 300 g azúcar
- 30 ml zumo de limón
- 2 hoja de colas de gelatina

Elaboración

1. *Mise en place* de las materias primas y del utillaje.
2. Realizaremos un almíbar con el agua, el azúcar y el zumo de limón.
3. Pelaremos y cortaremos en trozos el kiwi.
4. Mezclaremos el kiwi con el almíbar y coceremos durante cinco minutos.
5. No pasaremos por un chino, pues perderíamos las pepitas negras características del kiwi.

Como crema a base de caramelo vamos a ver la crema de *toffee* rubia.

Crema de *toffee* rubia

Ingredientes

- 250 g azúcar
- 50 ml agua
- 200 g nata líquida
- 4 gotitas de limón

Elaboración

1. *Mise en place* de las materias primas y del utillaje.
2. Dispondremos el azúcar junto con el agua y las gotas de limón en un cazo. Realizaremos un caramelo rubio. No moveremos el azúcar porque se cristalizaría.
3. Cuando el caramelo haya cogido su punto de temperatura, apartaremos del fuego y añadiremos la mitad de la nata líquida, con cuidado porque el cambio de temperatura hace que el caramelo rubio salte del cazo.
4. Si quedara algún grumo, pondremos otra vez en el fuego hasta que se deshaga. Dejaremos enfriar (temperatura ambiente).
5. Montaremos el resto de nata y añadiremos poco a poco a la anterior mezcla con la ayuda de una espátula.

3.3.3. Elaboraciones a base de frutas

Para conseguir elaboraciones de buena calidad es imprescindible utilizar frutas frescas en buen estado.

Confitura de fresas

Ingredientes

- 750 g azúcar
- 250 ml vodka blanco
- 1000 g fresas

Elaboración

1. *Mise en place* de las materias primas y del utillaje.
2. Introduciremos en un bol una capa de azúcar, una de fresas y así sucesivamente hasta terminar con una capa de azúcar. Regaremos con el vodka y reservaremos durante 24 horas en una cámara.
3. Dispondremos el líquido que ha surgido del reposo en un cazo y lo pondremos a fuego fuerte. Cuando hierva añadiremos las fresas y dejaremos que siga cociendo durante 5-8 minutos más, a fuego medio.

Cabello de ángel

Ingredientes

- 1000 g de Cidra o cabello de ángel
- 700 g azúcar

Elaboración

1. *Mise en place* de las materias primas y del utillaje.
2. Romperemos la cidra en trozos grandes y coceremos a fuego fuerte durante 20-25 minutos; la cáscara debe despegarse de la carne. Dejaremos que se enfríe y quitaremos las pepitas y la cáscara. Cubriremos de agua y dejaremos reposar 24 horas.
3. Escurriremos la cidra y mezclaremos con el azúcar. Removeremos continuamente hasta que la elaboración brille como una mermelada.

3.3.4. Elaboraciones con chocolate

Son elaboraciones básicas en las que podremos usar distintas variedades de coberturas de chocolate.

Glaseado de chocolate

Ingredientes

200 ml nata líquida, 65 ml agua, 50 g azúcar, 65 g jarabe de glucosa y 380 g cobertura negra

Elaboración

1. *Mise en place* de las materias primas y del utillaje.
2. Mezclaremos todos los ingredientes en un cazo a excepción de la cobertura. Calentaremos al fuego; cuando todos los ingredientes se hayan diluido, retiraremos del fuego.
3. Apartaremos del fuego y añadiremos la cobertura de golpe. Desharemos la cobertura removiendo con una espátula hasta que se deshaga completamente.
4. Para conseguir una mezcla homogénea podemos pasar por un chino, o triturar con una batidora de picar.
5. Para regenerarla la calentaremos al baño maría sin que llegue a los 30 ºC; de lo contrario, se puede cortar por la nata.

Trufas de café

Ingredientes

- 50 ml nata
- 50 g azúcar
- 1 cuchara sopera café soluble
- 100 g cobertura negra
- 85 g cobertura con leche
- 100 g mantequilla
- 100 g azúcar glasé (para rebozar)

Elaboración

1. *Mise en place* de las materias primas y del utillaje.
2. Mezclaremos la nata con el azúcar y el café soluble, y dispondremos dentro de un cazo a calentar.
3. Añadiremos los dos tipos de cobertura de chocolate y removeremos hasta que la cobertura quede completamente fundida.
4. En un bol, batiremos la mantequilla con unas varillas hasta obtener una textura cremosa.
5. Añadiremos poco a poco, y con unas varillas, la mezcla de chocolate y nata. Debemos tener las los mezclas a la misma temperatura, o se cortarán.
6. Mezclaremos hasta que se convierta en una masa homogénea. Dejaremos enfriar y daremos la forma deseada para después rebozar en azúcar glasé.

3.3.5. Elaboraciones con frutos secos

Los frutos secos se caracterizan por su aporte calórico y por ser ricos en grasas. Su amplia variedad dará lugar a elaboraciones básicas muy sabrosas, como las que veremos a continuación.

Praliné

Ingredientes

- 250 g azúcar
- 10 ml agua
- 250 g frutos secos (avellanas, nueces, almendras, cacaos)
- 3 gotitas de limón

Elaboración

1. *Mise en place* de las materias primas y del utillaje.
2. Tostaremos los frutos secos en el horno a una temperatura de 180 ºC. Si estos ya vinieran tostados de nuestro proveedor, no es necesario volver a tostarlos.
3. Realizaremos con el agua, el limón y el azúcar un caramelo rubio.
4. Retiraremos del fuego y añadiremos los frutos secos tostados.
5. Untaremos un silpat con aceite y dispondremos el caramelo con los frutos secos encima para que se enfríe. Cuando esté a temperatura ambiente, pasaremos por un triturador para hacer una especie de polvo de praliné.

Crema de almendras

Ingredientes

- 250 g de almendra molida
- 50 g azúcar
- 250 g materia grasa (mantequilla o margarina)
- 6 huevos

Elaboración

1. *Mise en place* de las materias primas y del utillaje.
2. Mezclaremos en un bol la almendra molida y el azúcar.
3. Atemperaremos la mantequilla y añadiremos al bol de la mezcla anterior. Removeremos con la pala mezcladora.
4. Iremos añadiendo uno a uno los huevos y mezclaremos hasta conseguir una crema clara y ligera. Aromatizaremos.
5. Conservaremos en el frigorífico hasta utilizarla.

3.3.6. Masas y otras

Entre las masas más destacadas, encontramos el hojaldre y las masas de bizcocho. El hojaldre se caracteriza por su sabor a mantequilla y por su textura crujiente. Las masas de bizcocho son elaboraciones esponjosas con sabor a huevo y a los aromas que lo acompañan.

Palmeritas

Ingredientes

- 500 g hojaldre
- Cantidad suficiente de azúcar

Elaboración

1. Realizaremos un rectángulo de 50 cm de largo por 20 cm de ancho a partir del plastón con la materia grasa ya introducida.
2. Espolvorearemos de azúcar la masa previamente mojada con un pincel con un poco de agua.
3. Iremos enrollando cada lado hacia el centro hasta cerrarlo como si fuera un libro. Cortaremos piezas a lo ancho de 2 cm de grosor. Pondremos tumbadas en una placa de horno.
4. Daremos la vuelta cuando estén cocidas por un lado. Estas palmeritas se pueden mojar en chocolate.

Bizcocho de soletilla

Ingredientes

- 90 g claras
- 37 g azúcar común
- 90 g yemas
- 26 g azúcar
- 40 g maicena
- 1 pequeña unidad aroma (ralladura de limón)

Elaboración

1. Montaremos las claras a punto de nieve con el azúcar correspondiente. Blanquearemos las yemas con el azúcar correspondiente.
2. Mezclaremos las yemas con claras, añadiremos poco a poco la carga y el aroma. Escudillaremos con manga pastelera en forma de lengua. Espolvorearemos con azúcar glasé e introduciremos en el horno a 180 °C hasta que doren.

Otras

Entre los distintos tipos de masas, encontramos las escaldadas y las quebradas.

Las **masas escaldadas** se caracterizan por llevar un escaldado de la harina con una hidratación previa con huevos. Esto hace que la masa crezca en el horno por la acción de las burbujas de vapor que se crean con la cocción del huevo.

En lo relativo a las **masas quebradas** diferenciamos entre las *sableux* y las azucaradas, que tienen como elemento principal una grasa, en concreto, la mantequilla. Son masas de textura arenisca y sabrosa.

Pasta choux

Ingredientes
- 250 ml agua
- 100 g grasa

Materias primas	Pasta *sableux*	Pasta azucarada
Harina	500 g	500 g
Materia grasa	300 g	200 g
Azúcar	200 g	250 g
Huevos	2	2
Agua	vainilla	

3.4. PREPARACIONES BÁSICAS ELABORADAS A NIVEL INDUSTRIAL

La repostería tiene una amplia variedad de preparaciones básicas, las cuales se elaboran de forma industrial para su venta en pastelerías, supermercados o establecimientos de hostelería. A nivel industrial podemos encontrar estas elaboraciones:

- **Bocaditos de nata o profiteroles.** Elaborados a base de masa escaldada o pasta choux, estas preparaciones admiten la congelación y se pueden rellenar con algún tipo de crema con nata o crema pastelera. Su regeneración es muy simple, ya que solamente se deben dejar a la temperatura de la cámara frigorífica y adquieren la textura deseada.

- **Trufas.** Las trufas de diferentes sabores también las encontramos congeladas; pueden servirse semicongeladas o a temperatura de la cámara frigorífica.

- **Hojaldre.** En los obradores es muy común comprar placas de hojaldre congelado, pues su elaboración es muy costosa y en muchos obradores han dejado de realizarlo ya que al comprarlo congelado este mantiene mejor sus cualidades. Con el hojaldre podemos realizar un amplio abanico de postres finos de repostería.

- **Decoraciones de chocolate.** Las decoraciones industriales se caracterizan por utilizar unos chocolates que mantienen más su forma, su textura, su brillo y, por tanto, son menos frágiles. Estas decoraciones se venden en tiendas especializadas de hostelería, están envasadas en recipientes herméticos o en cajas de embalaje y todas son de la misma forma y tamaño. Podemos encontrar desde virutas de colores, abanicos, tulipas y cucuruchos, hasta tartaletas, todos ellos realizados con coberturas de chocolate mezclado con manteca de cacao que hacen su manipulación más fácil. Estas elaboraciones se realizan con máquinas que trabajan con rapidez y soltura estas piezas.

MAPA CONCEPTUAL

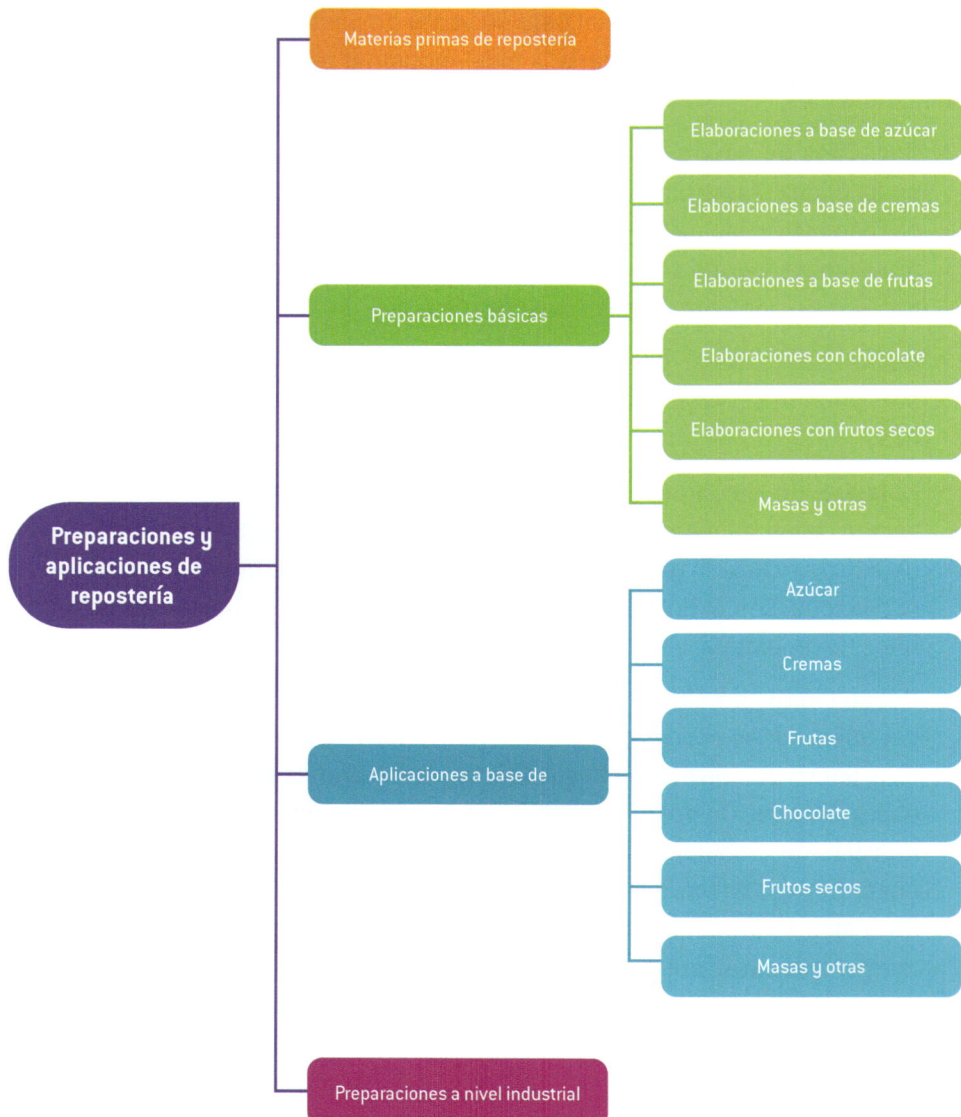

GLOSARIO

AROMATIZAR: añadir un aroma, salsa o diferentes condimentos a un conjunto de alimentos para aportarle sabor.

ÁSPIC: postre de gelatina que puede ser dulce o salado con alimentos introducidos en su interior de forma decorada, dispuestos en un molde. Se sirve en frío.

COSTES: valor de las materias primas, gastos, etc., que sean necesarios en el establecimiento.

DISOLUCIÓN: mezcla que surge de disolver una materia prima sólida en un líquido.

EMBORRACHAR: mojar con un almíbar un bizcocho para hacerlo más jugoso y sabroso.

ESTIRADO: proceso por el que ejercemos presión con un rodillo sobre una masa para aplastarla y alisarla hasta conseguir el grosor deseado para realizar los pliegues necesarios o su fondeado en el molde.

FIBROSA: textura de la carne de las frutas.

GLASEAR: técnica que realizaremos con la crema untuosa para cubrir y dar vellosidad a bizcochos, galletas o masas.

SALMONELOSIS: enfermedad producida por la bacteria salmonela que contienen algunos alimentos; produce síntomas de infección intestinal.

SILPAT: placa de silicona dura que usaremos para realizar elaboraciones de pastelería en el horno y evitar que se adhieran a las placas de horno.

SOPLADO: acción que se realiza para hacer decoraciones de caramelo mediante el soplado de aire con una pera para hinchar y suflar creando piezas artísticas de caramelo.

VOLUMEN: dimensiones que adquirirán las diferentes piezas en su cocción o durante su leudado.

ACTIVIDADES DE COMPROBACIÓN

3.1. Las materias primas de repostería suelen tener:

a) Un tamaño de mayor calibre.

b) Un tamaño de menor calibre.

c) Un calibre mayor.

3.2. La hebra fuerte se realizará a una densidad de:

a) 33 °Baumé.

b) 35 °Baumé.

c) 38 °Baumé.

3.3. El punto de azúcar de burbuja encadenada lo utilizaremos para:

a) Conseguir un *fondant* mucho más resistente.

b) Elaboraciones con mermelada y turrones.

c) Bombones y mazapanes.

3.4. Con las cremas de huevo debemos tener especial cuidado por:

a) La cristalización.

b) La consistencia.

c) La salmonelosis.

3.5. Una crema de *toffee* es una elaboración de una crema básica de:

a) Base con cremas con nata.

b) Mezcla de otras cremas base.

c) Cremas con base de caramelo.

3.6. La cidra es una tipo de calabaza con la que se realiza:

a) Cabello de ángel.

b) Glaseado.

c) Atemperado.

3.7. La cantidad de grasa que necesitaremos para las trufas en relación con la cantidad de crema base de nata será:

a) 15 %.

b) 20 %.

c) 30 %.

3.8. El fruto seco principal del *nugatine* es:

a) Avellana.

b) Pistacho.

c) Nuez.

3.9. El hojaldre tiene tres fases:

a) Tostados, pliegues y rellenar.

b) Plastón, incorporación de la grasa y pliegues.

c) Pliegues, batidos y esponjosidad.

3.10. A los bizcochos ligeros se les recomienda realizar:

a) Baño de yema.

b) Un *crocant* de frutos secos.

c) Un baño de almíbar.

3.11. La masa escaldada se fundamenta en:

a) Escaldar un producto para deshidratarlo y después hidratar con una harina.

b) Escaldar una grasa con una harina para hidratarlas para después deshidratarla con mantequilla.

c) Escaldar la harina en un líquido graso para deshidratarla y posteriormente hidratarla con ovoproductos.

3.12. Las masas azucaradas se caracterizan por ser:

a) Muy elásticas.

b) Muy quebradizas.

c) Muy esponjosas.

3.13. Los hojaldres se caracterizan por:

a) Tener un sabor azucarado y textura esponjosa.

b) Sabor a mantequilla y textura crujiente.

c) Sabor ácido y textura friable.

3.14. Las masas de bizcocho se caracterizan por ser elaboraciones:

a) Harinosas con sabor azucarado.

b) Esponjosas con sabor a huevo.

c) Crujientes con sabor afrutado..

3.15. El hojaldre podremos encontrarlo como una preparación básica a nivel industrial en:

a) Masa antes de realizar los pliegues.

b) Ingredientes del hojaldre congelados para su elaboración.

c) Placas de hojaldre congeladas.

ACTIVIDADES APLICACIÓN

3.1. ¿Para qué utilizamos el almíbar?

3.2. ¿El caramelo rubio está destinado para?

3.3. ¿Qué variantes más comunes podremos realizar con las cremas con nata?

3.4. ¿En qué consiste el proceso de la confitura?

3.5. ¿Para realizar los bombones y mazapanes qué punto de azúcar utilizaremos?

3.6. ¿Qué diferencia encontramos entre una compota, una confitura y una mermelada?

3.7. Busca tres tipos diferentes de postre que se puedan realizar con masas escaldadas y realiza la ficha técnica.

3.8. Busca tres tipos de variedades de bizcochos ligeros y sus fichas técnicas.

3.9. ¿Qué tipos de postres se pueden realizar con masas azucaradas?

3.10. Busca diferentes tipos de coberturas y con qué tipo de postres están relacionados.

ACTIVIDADES AMPLIACIÓN

3.1. Elabora dos cremas básicas a base de huevo, buscando su ficha técnica y haciéndola en el taller.

3.2. Realiza un mural con fotos de diferentes elaboraciones que puedan realizarse con frutos secos.

3.3. Elabora dos recetas dulces con hojaldre y dos saladas con las mismas formas y sus diferentes fichas técnicas.

3.4. Confecciona una bandeja de diferentes *petit fours* y elaboraciones de chocolates (bombonería) confeccionando sus correspondientes fichas técnicas.

3.5. Elabora un postre dulce con una pasta *sableux* y un postre salado con una masa brisa.

CASOS PRÁCTICOS

3.1. Realiza una ficha técnica de cada variedad de bizcocho y elaboradla por grupos en el taller para después crear combinaciones de postres y montar un pequeño bufé.

3.2. Realiza dos tipos diferentes de masas azucaradas junto con dos elaboraciones de cremas básicas y sus correspondientes decoraciones con sus fichas técnicas.

4. Técnicas de cocinado empleadas en la elaboración de preparaciones de múltiples aplicaciones de repostería y postres elementales

Contenidos

Introducción

Actividades finales

© Ediciones Paraninfo

INTRODUCCIÓN

En la repostería, al igual que en la pastelería, se utilizan técnicas empleadas en la cocina para conseguir elaboraciones características de la repostería que nos ayudarán a dar un toque especial y sabroso.

Estás técnicas son muy básicas y, aunque no son las más usadas en la repostería, es importante conocerlas y saber realizarlas para evitar posibles daños a las elaboraciones. Todas estas técnicas de elaboración utilizan elementos calientes, ya sea fuego, vapor o electricidad, por lo que deberemos tener especial cuidado a la hora de realizarlas.

4.1. ASAR AL HORNO

Esta técnica la utilizamos para asar algunas frutas como las manzanas y los melocotones, o para algunos postres elaborados con frutas. Se realiza a una temperatura constante de 180 ºC comúnmente y lo que conseguimos con dicha técnica es una carne de las frutas más jugosa y sabrosa. Unos de los postres más característicos son las manzanas asadas acompañadas de helado.

Son una opción muy saludable de técnica de postres, sobre todo, para aquellas personas que no pueden consumir fruta fresca, pues la digestión de las frutas asadas es más fácil y su consumo más recomendable.

Como ya hemos comentado, las más comunes son las manzanas y los melocotones, pero podremos tambien asar otro tipo de frutas, aunque no son tan comunes. Estas pueden ser kiwi, papayas, nectarinas, albaricoques, pavías o paraguayos.

Figura 4.1. Los albaricoques asados al horno acompañados de miel serán un platos saludable y delicioso para terminar un menú.

La manzana tiene bajo contenido acuoso, y, al realizar la técnica de asado al horno a una temperatura alta constante, se produce lo que conocemos como reacción de Maillard, que es la caramelización de sus azúcares, lo que hace que poco a poco la fructosa de la manzana se transforme evitando el efecto de fermentación en el estómago cuando esta se consuma, y previniendo así problemas digestivos.

Podremos aromatizar con especias como diferentes tipos de pimienta, siempre en grano para poder quitarla después; generalmente se utiliza la rosa. También podremos usar otras especias como clavo, cardamomo, canela en rama o vainilla, ya sea en polvo, líquida concentrada o en azúcar avainillado.

Para asar las frutas podremos modificar el agua de la que disponemos en la elaboración por zumo para macerar la fruta y que adquiera mayor sabor, y acompañarlas de edulcorantes como azúcar común, azúcar moreno, panela o miel.

4.2. FREÍR EN ACEITE

Técnica en la cual se introduce un alimento en una grasa caliente para conseguir una capa crujiente, que se forma rápidamente, de modo que por dentro la elaboración queda esponjosa y sabrosa. Con dicha técnica podemos realizar buñuelos de viento, churros, buñuelos de frutas y donuts o berlinas. Las frituras se realizarán con aceites neutros sin mucho sabor,

Figura 4.2. Las freidoras de dos senos nos servirán para realizar frituras separadas y no mezclar aromas ni olores.

como los de semillas o de girasol; aunque estos aceites aguantan menos la temperatura, transmiten menos sabores a las elaboraciones. Es importante que el aceite esté a una temperatura superior a 160 °C y cambiarlo con frecuencia, ya que se quema fácilmente.

Generalmente, las frituras las elaboraremos en freidoras de un seno o en freidoras especiales para ejecutar las ruedas de porras o churros.

Las freidoras redondas reciben el nombre de marmitas o sartenes; pueden ser fijas o basculantes. Se suelen usar en puestos de venta ambulante de productos fritos como churros, buñuelos, berlinas, etcétera.

En los establecimientos de repostería no suele utilizarse este tipo de maquinaria si no se realiza gran cantidad de frituras, ya que ocupa un gran espacio y tiene un consumo de aceite elevado, lo que implica un alto coste. Se usarán freidoras convencionales pequeñas o medianas, o sartenes parisién para realizar frituras.

4.3. SALTEAR EN ACEITE Y EN MANTEQUILLA

El salteado es una técnica de cocina que se utiliza para dar color y sabor a una materia prima con la ayuda de una grasa, ya sea aceite o mantequilla. Las elaboraciones adquieren un sabor dorado y crujiente por fuera. El salteado lo realizaremos a fuego fuerte con un poco de aceite o mantequilla; cuando la sartén esté caliente, añadiremos las frutas y con movimientos de vaivén iremos realizando el salteado.

En la repostería utilizaremos la técnica de saltear para aportarle textura crujiente a las frutas y también darles color. Con esta técnica también potenciaremos el sabor de las frutas. Saltearemos siempre con mantequilla, nunca con aceite, ya que este último quedará por encima del sabor de las frutas. La mantequilla podrá aromatizarse con especias o licores para dar a las frutas dicho sabor y aroma.

Figura 4.3. Las manzanas en rodajas saltadas con mantequilla y azúcar le darán un toque crujiente por fuera y suave por dentro que hará que dicha fruta destaque dentro del cualquier postre.

El salteado, como ya hemos indicado, es una técnica muy usada en cocina, pero cada vez se está utilizando más en frutas con poca cantidad de agua, como las manzanas, melocotones o peras conferencia, para jugar con las texturas en los postres.

4.4. HERVIR Y COCER AL VAPOR

Utilizaremos la técnica de hervir para realizar compotas, mermeladas y confituras con la mezcla de las frutas y un almíbar de agua y azúcar; tendrá que hervir a una temperatura superior de 100 °C sin llegar a caramelizar por el azúcar añadido como por el propio de las frutas utilizadas.

A muchas de estas elaboraciones se les añaden acidulantes para evitar la cristalización y pectinas para conseguir homogeneidad.

Las elaboraciones más comunes a realizar con dicha técnica son las conocidas yemas o los tocinillos de cielo. Su elaboración se realiza al vapor para conseguir una cocción controlada no superior a los 80 °C o 90 °C, de modo que la yema adquiere su temperatura ideal de cocción. Se utiliza un baño maría controlado. Las flaneras de los tocinillos de cielo se introducirán encima de una rejilla que tendrá el baño maría; el agua cubrirá por la mitad la flanera y conforme se vaya calentando el agua la elaboración se irá realizando.

También podremos realizar masas batidas al vapor como bizcochos capuchinas, imperial o japonés. Son unas masas que se realizarán con yemas de huevo o claras emulsionadas con muy poca cantidad de carga, con azúcar o con un almíbar dependiendo de la elaboración.

Figura 4.4. Los bizcochos al vapor se pueden tintar con colorantes alimentarios o acompañar de té *matcha* para ofrecer un sabor intenso a dicho té.

La cocción de los bizcochos de podrá realizar de manera tradicional al baño maría o se podrá realizar en un horno de vapor.

MAPA CONCEPTUAL

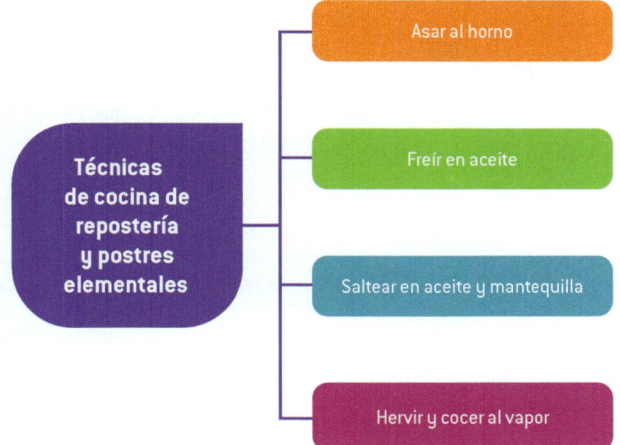

GLOSARIO

BAÑO MARÍA CONTROLADO: calor indirecto con agua en movimiento que se controla mediante un termostato, donde se realizan cocciones al vacío controladas a temperaturas no superiores a los 100 ºC.

BASCULANTE: recipiente de gran tamaño con acción de volcado o vaciado con un grifo para disponer el género en otro recipiente.

CONSTANTE: que no varía su intensidad, que es firme en textura y cuerpo.

CRISTALIZAR: acción que sucede en los puntos de azúcar, mermeladas y confituras; se produce por la humedad en los azúcares y la acción del calor, creando cristales y deteriorando la mezcla.

CRUJIENTE: tipo de textura que puede adquirirse al realizar una fritura, o una cocción de una masa que adquiere una corteza de tipo pan.

FLANERA: utensilio que tiene un cuerpo cónico que utilizaremos para hacer postres a base de leche, como los flanes.

FRITURA: técnica que se realiza mediante la inmersión del alimento en una grasa caliente.

JUGOSAS: término que se la aplica a cualquier materia prima que tiene sustancias nutritivas con jugos.

MOVIMIENTO DE VAIVÉN: actividad que realizaremos para remover elaboraciones de azúcar y evitar su cristalización.

SABROSO: alimentos que tiene jugos y sustancias sabrosas.

VAPOR: fase gaseosa del agua; cuando está en el punto de ebullición comienza a surgir dicho proceso.

ACTIVIDADES DE COOMPROBACIÓN

4.1. **La temperatura constante a la que se realizará la técnica de asar será:**

a) 200 °C.

b) 190 °C.

c) 180 °C.

4.2. **La técnica de asado al horno conseguirá que la carne de la fruta sea:**

a) Blanda y esponjosa.

b) Dulce y crujiente.

c) Jugosa y sabrosa.

4.3. **Las frutas asadas serán:**

a) Más digestivas.

b) Menos digestivas.

c) Más saladas.

4.4. **La técnica de freír en aceite consiste en:**

a) Introducir el alimento en aceite con aromas y calentar.

b) Introducir un alimento en una grasa caliente para conseguir una capa crujiente.

c) Introducir un alimento en una grasa a baja temperatura.

4.5. **Realizamos las frituras con aceites:**

a) Aceite neutro sin mucho sabor.

b) Con aceite con sabor tipo de oliva.

c) Con aceite reutilizado para no tener mucho gasto.

4.6. **Las freidoras especiales para realizar grandes frituras en puestos de venta ambulante se denominan:**

a) Freidoras basculantes.

b) Parisién de grandes frituras.

c) Marmitas o sartenes basculantes

4.7. El salteado lo realizaremos con:

a) Azúcar o especias.

b) Aceite o mantequilla.

c) Frutos secos o almendras.

4.8. Utilizaremos el salteado de las frutas en repostería:

a) Conservación

b) Potenciar sabor.

c) Triturar.

4.9. Utilizaremos frutas para el salteado:

a) Con gran cantidad de agua.

b) Con poca cantidad acuosa.

c) Muy grasas.

4.10. La elaboración de hervir la utilizaremos para realizar:

a) Mermeladas, compotas y confituras.

b) Tartaletas, hojaldres y bizcochos.

c) Panes, masas azucaradas y bombones.

4.11. La elaboración al vapor de los tocinillos se realizará a una temperatura controlado entre:

a) 100-110 °C.

b) 70-75 °C.

c) 80-90 °C.

4.12. Para realizar técnicas de cocción al vapor utilizaremos:

a) Placas de horno.

b) Cazo con aceite.

c) Baño maría controlado.

4.13. Los tocinillos de cielo los realizaremos en:

a) Flaneras.

b) Boles.

c) *Plum cakes.*

4.14. Otra elaboración que podremos realizar al vapor será:

a) Masa azucarada.

b) Bizcocho japonés.

c) Masa hojaldrada.

4.15. En el salteado de repostería, la grasa cuyo uso es más recomendable es:

a) Aceite de palma.

b) Mantequilla.

c) Aceite de semillas.

ACTIVIDADES APLICACIÓN

4.1. ¿Qué frutas usaremos para el asado al horno?

4.2. ¿Qué elaboraciones podemos realizar con la técnica de freír en aceite?

4.3. Investiga como se realizan los churros y su forma en diferentes puntos de la gastronomía española y justifica la respuesta.

4.4. ¿Para qué fiesta son típicos los buñuelos de viento?

4.5. ¿Qué diferencias existen entre los donuts y las berlinas?

4.6. ¿Qué frutas podremos saltear en mantequilla?

4.7. ¿Por qué no podremos saltear las frutas en aceite?

4.8. ¿Qué textura conseguiremos con la técnica del salteado?

4.9. ¿Qué elaboraciones podremos realizar con la técnica de cocer al vapor?

4.10. Con la técnica de cocer al vapor se pueden realizar masas esponjosas, ¿dónde realizaremos dichas elaboraciones?

ACTIVIDADES AMPLIACIÓN

4.1. Busca tres recetas de técnicas tradicionales con frutas asadas y modifícalas realizando la ficha técnica para alta pastelería.

4.2. Realiza cuatro tipos de masas diferentes y elabora una cata de diferentes frituras utilizando distintos tipos de aceite. Justifica el ejercicio.

4.3. Crea dos elaboraciones con su ficha técnica produciendo diferentes texturas desde cero donde la decoración sea un salteado de pera cortado en *mirepoix*.

4.4. Realiza dos bizcochos japoneses: uno blanco y otro con té *matcha;* uno en horno de vapor y otro de forma tradicional al baño maría controlado.

CASOS PRÁCTICOS

4.1. Realiza un bufé con diferentes masas fritas con la técnica de fritura en aceite y sus diferentes decoraciones.

4.2. Realiza dos tipos de bizcochos: imperial y capuchina, y acompáñalos con crema de yemas o merengue flambeado para decorar.

5. Postres elementales

Contenidos

Introducción

5.1. Importancia del postre en la comida. Distintas clasificaciones

5.2. Aplicación de las respectivas técnicas y procedimientos de ejecución y control para la obtención de los postres elementales más representativos de repostería

Actividades finales

INTRODUCCIÓN

La gastronomía es una referencia en los últimos tiempos; muchas de las cosas cotidianas, tratos, relaciones, negocios, etcétera, se cierran y se crean alrededor de una mesa donde se degustan diferentes manjares. La comida siempre tiene un final feliz que seguramente es lo que más se recuerda al terminar de comer; nos referimos al postre.

El toque dulce que nos deja al final de la comida, con su frescura y buen sabor, puede llevarnos incluso a recordar los postres que nos hacían en nuestra infancia. Por ello, es importante dejar un buen sabor de boca con nuestros postres y demás elaboraciones de repostería.

5.1. IMPORTANCIA DEL POSTRE EN LA COMIDA. DISTINTAS CLASIFICACIONES

Entendemos por postre aquel plato que finaliza un menú para hacerlo completo y conseguir que el comensal deguste sus platos de forma equilibrada; el postre forma parte de un menú totalmente equilibrado.

Una comida sin postre siempre será una comida en la que no se ha cerrado el círculo y no podríamos denominarla una comida redonda.

Desde siempre el postre ha sido uno de los platos más esperados por el comensal; todos esperábamos ansiosos de pequeños el carro de tartas o la carta de postre con la que nuestra imaginación viajaba con el chocolate, las cremas y los demás acompañantes de los diferentes platos dulces.

En la actualidad el postre sigue teniendo la misma tradición, pero hemos dejado atrás esos postres pesados que dejaban un malestar al comensal y que no se equilibraban en ningún momento con el menú. Ahora nos dedicamos a realizar postres más acordes con el menú, de una mayor exquisitez y finura, mucho más trabajados y con una dedicación especial a conseguir un gran plato dulce.

Dependiendo de la variedad de los postres los clasificamos en postres sencillos y postres compuestos.

- Los **postres sencillos** son aquellos que no tienen un exceso de preparación o que prácticamente se sirven tal cual. Por ello, no sufrirán normalmente ningún cambio químico (técnicas de cocinado o mezclas con otros ingredientes), pero sí sufrirán un cambio físico (cortes o triturados).

  Estos postres sencillos están compuestos prácticamente de frutas frescas, las cuales se sirven sin ninguna modificación básica, por lo que se pueden degustar con sus cualidades organolépticas idóneas.

Se trabajará mucho en la decoración de dichos postres, ya que, al no modificarlos de forma química, las decoraciones deberán embellecer el plato.

- Los **postres compuestos** son los formados por postres elaborados con técnicas básicas de pastelería que dan lugar a tartas, semifríos y bombones. Estos postres podrán ser tradicionales o acordes a las últimas tendencias en repostería, pero siempre surgirán de la mezcla de elaboraciones básicas. Las materias primas a usar serán amplias, al igual que sus procedimientos.

Es importante confeccionar una carta de postre en la cual figuren para su elección tanto postres sencillos como compuestos, para que el comensal pueda elegir según su criterio gastronómico y gustos en general.

No debemos olvidar la importancia de que la carta esté enfocada a postres de temporada, que la oferta a consumir esté relacionada con la comida que se sirve en dicho establecimiento. No podemos ofrecer postres caseros en un restaurante de cocina fusión. Por lo que no solamente deberemos conseguir que nuestros postres estén en equilibrio dentro de nuestra carta de postres, sino con la carta de los demás platos a degustar en el establecimiento.

5.2. APLICACIÓN DE LAS RESPECTIVAS TÉCNICAS Y PROCEDIMIENTOS DE EJECUCIÓN Y CONTROL PARA LA OBTENCIÓN DE LOS POSTRES ELEMENTALES MÁS REPRESENTATIVOS DE REPOSTERÍA

Encontramos una amplia variedad de postres en la repostería, y día tras día va creciendo esa variedad y van creándose postres nuevos que surgen de diferentes técnicas nuevas debidas al avance en la repostería.

Cabe destacar algunos de los más elementales, ya que ellos son la base de muchos de nuestros postres en la actualidad. Entre ellos destacamos:

5.2.1. Merengues

Entendemos por merengue una elaboración cuyos ingredientes principales son las claras de huevo y el azúcar. Se caracteriza por ser una elaboración barata, rápida y fácil de hacer. Hace muchos años era la merienda estrella para los niños, ya que les aportaba calorías, alimento y era sano, y al ser tan barato todo el mundo tenía acceso. Los merengues se colocaban en cucharas para que los niños los consumieran. Se podían encontrar en su estado natural de elaboración o cocidos, estos últimos con una textura dura y crujiente. El merengue tiene ahora un amplio abanico de posibilidades: para alisar tartas y después quemado con azúcar; cocido en el horno para quedar crujiente por fuera y tierno por dentro;

para realizar los macarons, aunque muchas recetas simplemente utilizan claras batidas a punto de nieve.

5.2.2. Postres a base de leche

Entendemos por postre a base de leche aquel cuya materia prima principal es un lácteo, más bien dicho, la leche. También podemos usar otro tipo de lácteos, como nata, yogur o leche evaporada, pero la leche entera será la más común. Este tipo de postre se caracteriza porque siempre tendremos que infusionar el lácteo con algún tipo de aroma, ya sea natural o artificial, para que adquiera el sabor de dicho aroma.

Figura 5.1. Se están comenzando a realizar elaboraciones con bebidas de leche, tipo leche de soja, leche de avena por ser más digestivas.

Dentro del grupo de postres a base de leche encontramos los flanes, la crema catalana, los púdines y las natillas. Este tipo de elaboraciones tienen los mismos ingredientes, pero su cantidad, su cocción y su textura son diferentes:

- Los flanes tienen una textura más cuajada.

- Las natillas son más líquidas y suelen ir acompañadas de bizcochos de soletilla o de galletas aromatizadas con canela.

- Las cremas catalanas llevan solamente yemas en vez de huevos enteros y se dispone azúcar encima de ellas para después tostarlas con el soplete o el quemador.

- El pudin es una crema de flan a la que se le añade bollería o bizcochos varios.

5.2.3. Postres a base de frutas

Gracias a la gran variedad de frutas que encontramos en el mercado, podemos elaborar grandes cantidades de postres a base de frutas. Como ya sabemos, las frutas se pueden consumir al natural, fritas, asadas, confitadas, en almíbar, trituradas formando salsas o *coulis*, o acompañando a bizcochos, pastas y masas varias. También las podemos consumir mezcladas entre ellas como refrescantes y deliciosas ensaladas de fruta, o como platos combinados de fruta natural.

5.2.4. Postres fritos en sartén

Estas elaboraciones, en su cocción final, siempre se terminan en una sartén, ya sea para hacerlas fritas con aceite o para dorarlas con alguna grasa. Algunas de estas elaboraciones suelen tener muy poco sabor, que acentuaremos con las demás elaboraciones que lo acompañan, como cremas, rellenos, salsas o helados.

5.2.5. Semifríos: Bavarois y *mousses*

Son elaboraciones básicas de pastelería muy esponjosas y cremosas que adquieren su textura gracias a la emulsión de sus materias primas. Su materia prima principal será la nata; gracias a ella, la textura de los semifríos es tan esponjosa.

La nata se ayuda de otras materias primas para conseguir la textura de los semifríos; estas materias primas serán diferentes dependiendo de cada elaboración, siendo las más comunes los huevos, el azúcar y la gelatina.

Con estos elementos podremos elaborar tanto pastas bombas, como merengues y gelatinas, que darán el cuerpo suficiente al semifrío para poder mantenerse en su forma original sin necesidad de congelar y solamente atemperado en cámara a 2-4 °C.

No debemos bajar la temperatura a menos de 2 °C a los semifríos que utilicen gelatina, puesto que la gelatina podría no dar la textura esponjosa al semifrío porque con la congelación pierde todas sus cualidades.

A parte de las materias primas ya comentadas, podemos utilizar muchas más variantes, pero no serán base para los semifríos ni las causantes de la textura conseguida, sino que serán las materias primas que aromaticen al semifrío y le den su nombre, como pulpa de fruta, licores, chocolates y aromas varios.

5.2.6. Tartas

Entendemos por tarta aquella base casi siempre de forma redonda formada normalmente por bizcochos, los cuales van cubiertos por una crema o relleno, glaseados con baños o mermeladas y decorados con frutas o con crujientes.

Se suelen elaborar con bases finas de bizcocho, las cuales deben ir emborrachadas con algún almíbar o licor para darle jugosidad al bizcocho y que este no pare excesivamente pesado.

Existe una gran variedad de tartas, que pueden tener nombre propio y que llevan realizándose desde siempre en pastelería, o se pueden crear tartas nuevas jugando con las diferentes cremas y glaseados.

5.2.7. Sorbetes

El sorbete es una elaboración dulce como el helado, pero no lleva ningún tipo de grasa ni lácteo; por tanto, será más acuoso y no tendrá una textura mantecosa como la de los helados. Encontramos sorbetes de vino, frutas, licores e infusiones. No los mantendremos demasiado tiempo en el congelador, puesto que al no llevar ningún elemento que les dé esa textura mantecosa, la humedad que tienen se cristalizaría y la textura sería parecida al hielo picado.

Los sorbetes tienen una densidad entre 13-15º Baumé. El sorbete se utiliza, aparte de como postre refrescante, después de comidas muy grasas, para separar entre plato y plato salado, sobre todo en menús con mucha combinación de platos.

5.2.8. Helados

Son elaboraciones que tienen una textura cremosa que se realizan mediante un batido frío. Mediante este batido de la mezcla conseguiremos que se formen las burbujas que darán el aumento del volumen del producto.

Las materias primas más importante que utilizaremos en la elaboración de helados deben tener unas características específicas para que la textura de los helados sea buena. Encontramos muchas variedades y combinaciones diferentes de helados y los clasificaremos de este modo:

- **De crema.** Su base es una crema inglesa aromatizada a la cual añadiremos una parte de nata para añadirle la cremosidad característica de los helados de crema. Introduciremos la crema en la mantecadora para que se forme el helado; o lo haremos de forma manual congelando durante 6-8 horas y cada media hora retirando del congelador y batiendo enérgicamente con unas varillas para que vaya adquiriendo la cremosidad.

- **De leche.** Son helados a base de lácteos, ya sea yogur, queso crema, leche o nata. Su cremosidad se la aportará la adición de un merengue. Podemos aromatizar tanto el merengue como el lácteo a utilizar, e incluso tintar. Preferiblemente, tintaremos el merengue, ya que adquiere mejor el tintado. Como tiene la cremosidad del merengue y la propia grasa del lácteo no será necesario añadirle ningún tipo de grasa.

- **De fruta.** Como su nombre indica, este tipo de helado se caracteriza por utilizar frutas frescas, tropicales, secas o incluso jaleas o zumos. Debemos tener en cuenta que este tipo de helados se deberá acompañar con colorantes para conseguir el color característico de la fruta, pues esta pierde color al mezclarse con elementos como la nata o el jarabe de azúcar.

- **Tarta helada.** Este tipo de elaboraciones lleva siempre una base de galletas o de masa quebrada para dar forma a la tarta. Podemos realizarla de cualquier tipo de helado y decorarla con frutas confitadas, o con *coulis* de frutos o gelatinas.

- **Sin heladora.** Las elaboraciones que podemos realizar sin heladora son las llamadas *biscuits* helados y *parfaits*. Son una base de pasta bomba con yemas y nata, la cual aromatizamos con diferentes materias primas. Su elaboración es parecida a la de un merengue, pero realizamos la pasta bomba para que los huevos lleguen a la temperatura óptima que necesitan para no reproducir microorganismos y contaminarse. Tenemos una gran variedad de elaboraciones dependiendo de sus materias primas, que enriquecen a las básicas: azúcar, huevos y nata.

Figura 4.1. Cada vez están más en auge las nuevas tendencias de elaboración de helados artesanales con materias primas naturales.

5.2.9. Granizados

Los granizados, también llamados helados de agua, son productos elaborados a partir de agua acompañada de frutas, aromas y licores, con el azúcar necesario dependiendo de cada fruta o aroma a utilizar. Los granizados tienen una textura parecida a la de los sorbetes, pero como no se realizan con la clara de huevo, tendrán una textura un poco más acuosa y su mantenimiento es mucho más corto, ya que se derriten rápidamente. Las ventajas de los granizados es que no llevan productos que puedan contaminarse, como los huevos o los lácteos. Simplemente tenemos que cuidar el tratamiento de las frutas y que el agua a utilizar sea potable, filtrada y no tenga impurezas.

MAPA CONCEPTUAL

Postres lementales

Postres en la comida
- Postres sencillos
- Postres compuestos

Aplicaciones, técnicas y procedimientos para postres elementales
- Merengues
- Postres a base de leche
- Postres a base de fruta
- Postres fritos en sartén
- Semifríos: *bavarois* y *mousses*
- Tartas
- Sorbetes
- Helados
- Granizados

GLOSARIO

ALISAR: acción de igualar una crema con una espátula en un bizcocho para embellecerlo, decorarlo y quitarle las imperfecciones.

ATEMPERAR: acción de deshacer una cobertura de chocolate subiendo su temperatura para conseguir una cristalización de su grasa, para después bajarla hasta conseguir un templado correcto.

BAUMÉ: unidad de medida de densidad para pesar jarabes y almíbares.

CASERO: artesanal, que se ha realizado de forma manual y tradicional.

COMENSALES: persona que degusta o consume dentro del establecimiento de hostelería.

CREMOSA: que tiene una textura untuosa.

DEGUSTAR: probar o comer un alimento para disfrutarlo.

EMBELLECER: dar vistosidad a algo.

EQUILIBRADA: que hay una conexión entre todas las partes.

GASTRONÓMICO: que engloba a todos los establecimientos de restauración.

MANTECAR: acción que se realiza con los helados. Introducción del aire en la mezcla mientras se va enfriando poco a poco y cogiendo la textura deseada.

MICROORGANISMOS: algunos suelen estar de forma natural en el alimento, otros vienen a los alimentos por contaminación y son perjudiciales para la salud.

PASTA BOMBA: elaboración que realizamos con yemas y con un almíbar a punta de hebra fuerte para la elaboración de helados.

PULPA: carne que contiene cada una de las frutas.

SOPLETE: utensilio que utilizaremos para realizar los flambeados en las diferentes elaboraciones de pastelería; funciona con gas propano y contiene una pequeña llama para realizar el flambeado.

ACTIVIDADES DE COMPROBACIÓN

5.1. Los postres tienen la capacidad de hacernos recordar:

a) Cremas quemadas saladas.

b) Sabores de postres de nuestra infancia.

c) Texturas de frutos secos.

5.2. Entendemos por postre:

a) Aquel plato que finaliza un menú para hacerlo completo y conseguir que el comensal deguste sus platos de forma equilibrada.

b) Aquel plato que inicia un menú para hacerlo incompleto y conseguir que el comensal deguste sus platos de forma equilibrada.

c) Aquel plato que inicia una comida para hacer una degustación y conseguir un menú salado, desequilibrado, llamativo de forma que un comensal deguste todos los platos dulces.

5.3. Los postres sencillos se caracterizan por:

a) Aquellos formados por postres elaborados con técnicas básicas de pastelería.

b) Aquellos que no tienen un exceso de preparación o se sirven tal cual.

c) Aquellos formados por postres de técnicas de autos creativos y llamativos.

5.4. Los postres sencillos están compuestos de:

a) Frutas frescas y elementos que no necesitan de un exceso de preparación.

b) Huevos, edulcorantes, coberturas, harinas, frutos secos, frutas escarchadas.

c) Mermeladas, confituras, *coulis,* bizcochos, masas quebradas, hojaldres, crema.

5.5. Los postres compuestos son aquellos que:

a) No tienen un exceso de preparación o se sirven tal cual.

b) Están formados por postres de alta pastelería y se realizan dichas elaboraciones.

c) Están formados por postres elaborados con técnicas básicas de pastelería que dan lugar a tartas, semifríos y bombones.

5.6. Nuestros postres deberán estar en equilibrio con:

a) Postre elemental y postre compuesto.

b) Postre del día y postre estrella.

c) Carta de postres y carta del restaurante.

5.7. Los ingredientes principales del merengue son:

a) Claras y agua.

b) Yemas y harina.

c) Claras de huevo y azúcar.

5.8. Cuáles son las características del merengue:

a) Es una elaboración elemental compuesta a base de leche.

b) Es una elaboración barata, rápida y fácil de hacer.

c) Es una elaboración costosa, lenta y difícil de hacer.

5.9. Para qué se utilizaban antiguamente los merengues:

a) Para alisar tartas.

b) Como merienda estrella de los niños.

c) Para realizar *macarons*.

5.10. Qué entendemos por postres a base de leche:

a) Aquellos cuya materia prima principal es un lácteo.

b) Aquellos cuya materia prima principal es únicamente la leche.

c) Aquellos cuya materia prima principal es un ovoproducto.

5.11. Los flanes están dentro del grupo de los postres:

a) A base de fruta.

b) A base de leche.

c) Semifríos.

5.12. Cómo podemos consumir las frutas de los postres a base de frutas:

    a) Naturales, asadas, fritas, confitadas, en almíbar, etcétera.

    b) Solo usaremos *coulis* y salsas de frutas.

    c) Siempre frescas y de kilómetro 0.

5.13. Los postres fritos o de sartén se caracterizan por:

    a) En una cocción final siempre se terminan en una sartén, ya sea para hacerlas fritas o dorarlas con alguna grasa.

    b) Son más líquidas y suelen ir acompañadas de bizcochos de soletilla o galletas.

    c) Llevan solamente yemas en vez de huevos enteros y se dispone azúcar encima de ellas para después tostarlas.

5.14. Los semifríos se caracterizan por:

    a) Tener una base casi siempre de forma redonda.

    b) Bases finas de bizcochos, las cuales deben ir emborrachadas.

    c) Elaboraciones básicas muy esponjosas y cremosas que adquieren textura gracias a la emulsión de sus materias primas.

5.15. A qué temperatura no debemos bajar los semifríos que llevan gelatina:

    a) 6 °C.

    b) 2 °C.

    c) 5 °C.

5.16. Las tartas irán generalmente cubiertas de:

    a) Almíbar o licor.

    b) Frutas o crujientes.

    c) Glaseados con baños o mermeladas.

5.17. El sorbete tendrá una textura:

    a) Cremosa o cristalizada gracias a los lácteos.

    b) Menos acuosa y esponjosa.

    c) Más acuosa y no mantecosa

5.18. Los helados de crema se caracterizan por:

a) Su base es un lácteo.

b) Su base es una crema inglesa aromatizada.

c) Su base es fruta fresca.

5.19. Los helados que podremos realizar sin heladora serán:

a) *Biscuit* y *parfait*.

b) *Bavarois* y *mousses*.

c) Granizados y sorbetes.

5.20. Los granizados también podemos llamarlos:

a) Helados de frutas.

b) Helados de crema.

c) Helados de agua.

ACTIVIDADES APLICACIÓN

5.1. ¿Qué tipos de merengues podemos realizar? Justifica la respuesta.

5.2. ¿Qué cuatro tipos de postres podremos realizar con postres a base de leche?

5.3. La crema catalana ¿con qué tipos de ingredientes se realiza?

5.4. ¿Qué dos tipos de postres a base de frutas podremos realizar?

5.5. ¿Qué tres tipos de postres fritos en sartén podremos realizar?

5.6. ¿Cómo realizaremos una pasta bomba?

5.7. Averigua cuatro tipos de tartas tradicionales y elabora su ficha técnica.

5.8. ¿Cuál es el sorbete más tradicional en las celebraciones y cómo se realiza?

5.9. ¿Qué diferencia existe entre los helados de crema y los helados de leche?

5.10. ¿Cómo se realizan los granizados?

ACTIVIDADES AMPLIACIÓN

5.1. Realiza un menú con tres postres sencillos y cinco postres compuestos con sus fichas técnicas correspondientes.

5.2. Busca tres postres a base de leche tradicionales, tres postres a base de leche de autor, tres postres a base de leche minimalistas.

5.3. Realiza un bufé con dos postres a base de fritos, dos postres en sartén o plancha, dos semifríos, dos con bases de leche y dos tartas con sus fichas técnicas y distintas decoraciones.

5.4. Realiza cuatro tipos de sorbetes uno con vino, licor, fruta e infusión, y realiza lo mismo con granizados.

5.5. Realiza un helado de crema, un helado de leche, un helado de fruta, una tarta helada y un *biscuit* en el taller, y crea una cata de las diferentes elaboraciones.

CASOS PRÁCTICOS

5.1. Realizad en grupos una degustación de 6-8 tipos de elaboraciones diferentes de flanes buscando y completando sus fichas técnicas.

5.2. Realiza tres tartas tradicionales en el taller para después modificarlas aplicándoles las nuevas tendencias de técnicas en repostería.

6. Regeneración de productos utilizados en repostería

Contenidos

INTRODUCCIÓN

La regeneración de los postres es muy importante, ya que nos ayudará a poder tener una producción amplia de nuestros postres para después realizarles una regeneración y que estos mantengan las mismas cualidades organolépticas.

Es importante conocer las diferentes técnicas de regeneración y la maquinaria a usar para evitar posibles accidentes que impliquen perder todo el trabajo elaborado, lo que daría lugar a perder materia prima y el tiempo usado para dicha producción.

6.1. REGENERACIÓN: DEFINICIÓN

En la actualidad, aunque la mayor parte de la población desarrollada no tiene problemas de hambre, la sociedad está acostumbrada a disfrutar de los alimentos y de los productos que quiere, en cualquier momento, sin importar la temporada de los mismos y a un precio razonable. Con esta premisa, la conservación de alimentos es esencial para proporcionarnos alimentos fuera de temporada, de cualquier parte del mundo, en distintas formas de presentación y con diferentes aplicaciones culinarias.

Los alimentos se conservan fundamentalmente controlando el crecimiento de los microorganismos causantes de su deterioro, evitando la oxidación e inactivando las enzimas presentes de forma natural en los mismos. Para conseguirlo, las técnicas de conservación cambian en mayor o menor medida las propiedades de los alimentos (físico-químicas, nutricionales u organolépticas), en función de lo agresivas que sean. Para que estos puedan ser utilizados en según qué elaboraciones, es necesario restaurar en la medida de lo posible sus propiedades originales y llevar el producto a una temperatura adecuada para ser consumido. A este proceso se le denomina regeneración.

La regeneración es un proceso que comprende las actividades y las técnicas necesarias para restaurar las propiedades de los alimentos y alcanzar la temperatura adecuada de servicio que permite su consumo directo

Hay que tener en cuenta que cuando hablamos de regeneración lo hacemos pensando en un proceso que comprende varias actividades

Figura 6.1. Restaurar un alimento significa recuperar sus propiedades anteriores y alcanzar la temperatura de servicio adecuada.

Figura 6.2. La conservación y la regeneración están relacionadas con la forma en que tenemos previsto consumir el alimento.

diferenciadas y no solo el aumento de temperatura. Por poner un ejemplo, para regenerar de forma correcta una salsa concentrada envasada al vacío, primero tendremos que descongelarla, después diluirla y por último llevarla a temperatura de servicio. Esa salsa normalmente no se consumirá sola, sino que formará parte de una elaboración más compleja. En consecuencia, los alimentos y los productos regenerados pueden ser utilizados bien en consumo directo, o bien en la preparación de otros productos semielaborados o terminados.

El proceso de regeneración está relacionado con la forma en la que pensamos consumir el alimento con posterioridad, por lo que decimos que está íntimamente relacionado con la conservación. ¿Podríamos conservar fruta en salazón? Desde un punto de vista estricto sí, ya que evitaríamos el crecimiento microbiano, pero si no podemos desalarla con posterioridad y recuperar sus propiedades originales, ¿quién se comería una naranja salada? En la industria alimentaria no puede concebirse la conservación sin la regeneración, y viceversa, por lo que este último es un proceso tan importante como el primero. Cuando se estudian nuevos métodos de conservación de alimentos se piensa siempre en la forma en que se van a regenerar después.

6.2. CLASES DE TÉCNICAS Y PROCESOS

En la actualidad podemos regenerar los alimentos de muchas formas distintas; en primer lugar, porque disponemos de equipamiento y maquinaria muy variada que nos permite obtener resultados excelentes en función de nuestras necesidades, y en segundo lugar porque conocemos las peculiaridades de emplear una técnica u otra en función de nuestras expectativas. El uso de unas técnicas de regeneración u otras depende de diversos factores:

- **El estado de conservación inicial.** No es lo mismo trabajar con alimentos naturales, congelados, deshidratados o envasados al vacío. En función del estado de conservación inicial elegiremos la técnica de regeneración más apropiada.

- **El alimento.** El tipo de alimento, sus características organolépticas, sus propiedades físico-químicas y su modo de presentación influirán en la forma de tratar cada producto.

- **El equipamiento y la maquinaria.** En función del equipamiento y de la maquinaria de que dispongamos en nuestro establecimiento podremos emplear técnicas de regeneración diferentes.

- **La cantidad.** Cada equipamiento o maquinaria nos permite trabajar con cantidades distintas de productos. En función de las necesidades de nuestras órdenes de trabajo elegiremos técnicas o maquinaria que se ajusten a las cantidades que debemos preparar en cada momento.

- **El tiempo.** Para producir un mismo efecto existen técnicas más rápidas que otras, si bien en la mayoría de los casos tienen efectos muy distintos en las propiedades organolépticas de nuestras elaboraciones. Si el tiempo de regeneración es una prioridad, elegiremos las técnicas más rápidas que cumplan con el resto de criterios.

- **El resultado final.** No es lo mismo elaborar bollería industrial que pastelería fina, por lo minuciosos que debemos ser en la manipulación y la presentación final de nuestros productos. En función del resultado que deseamos elegiremos las técnicas de regeneración más adecuadas a nuestros intereses.

A continuación, explicamos las técnicas más habituales de regeneración en función del efecto que queremos conseguir en los alimentos y los productos que vamos a tratar.

6.2.1. Técnicas de descongelación

Cuando trabajamos con productos congelados, lo primero que debemos preguntarnos es si necesitamos una descongelación previa. A veces es posible un tratamiento térmico directo del producto (fritura, salteado u horneado), con lo que tenemos dos ventajas: aceleramos los tiempos de regeneración y aumentamos la seguridad del proceso de descongelación. En general, los productos precocidos o preelaborados admiten bien este cocinado directo, mientras que los crudos no.

Los productos que necesitan una descongelación previa recuperarán mejor sus propiedades si esta es lenta, ya que el agua se redistribuye uniformemente y se preserva la textura. Además, por cuestiones de seguridad, es mejor que la descongelación sea uniforme, ya que dificultaremos el crecimiento microbiano.

Existen tres técnicas de descongelación permitidas por la legislación: en refrigeración, en agua fría fluyente y en microondas. El mejor método de los tres, aunque el más lento, es la descongelación en refrigeración. El alimento recupera la textura de forma progresiva, pues la calidad final es excelente. Conviene que el alimento cuente con un envasado adecuado para evitar la contaminación cruzada; además,

Figura 6.3. La mejor descongelación es la que hacemos en cámara frigorífica.

Figura 6.4. Descongelar en agua fría fluyente supone un elevado consumo de agua.

Figura 6.5. La descongelación en microondas afecta notablemente a las propiedades físicas de los alimentos.

es necesario utilizarlo inmediatamente después de la descongelación.

El segundo método es por contacto con agua fría fluyente. Podemos sumergir el alimento en agua fría, dejando el grifo abierto para que la temperatura del agua no suba, o poniéndolo directamente bajo el grifo abierto. Es fundamental que el alimento esté perfectamente envasado para que no se pierdan nutrientes por disolución o arrastre. Se trata de un método más rápido que la descongelación en refrigeración y el resultado es muy aceptable, pero hay un consumo considerable de agua.

Aunque su uso está bastante extendido, sobre todo a nivel doméstico, la descongelación en microondas no es un buen método para descongelar alimentos. Las microondas provocan el movimiento de las moléculas de agua y su calentamiento, pero puesto que el agua presente en los alimentos está congelada, esta no tiene movilidad. Esto se traduce en un deterioro importante de la textura. Además, hay otra desventaja, y es que la descongelación no es uniforme, por lo que es posible tener el centro del alimento congelado mientras la parte externa empieza a cocinarse. Pese a todo, es un método aceptable en la descongelación de líquidos, es rápido, pero no podemos regenerar grandes cantidades de producto al mismo tiempo, por lo que su uso a nivel comercial es residual.

6.2.2. Técnicas de atemperado y recalentado

La puesta a punto de la temperatura de servicio es el sistema de regeneración más importante de los utilizados en pastelería. La clave está en alcanzar la temperatura necesaria en el centro del producto (70 ºC), que permita garantizar su seguridad y, al mismo tiempo, ofrecer los productos en óptimas condiciones a nuestros clientes.

Para la comprobación de la temperatura utilizaremos termómetros de sonda, que nos permiten pinchar el alimento y asegurarnos de sus condiciones interiores. Estos termómetros pueden ser portátiles o estar incorporados directamente en los hornos más modernos.

Las técnicas de atemperado y recalentado están relacionadas con el método de generación de calor, que depende a su vez de la maquinaria empleada para tal fin. Es la siguiente:

- **Atemperador de chocolate.** Se utiliza para fundir el chocolate y mantenerlo a la temperatura adecuada de forma constante. Lo podemos programar de forma sencilla, por lo que nos permite un control preciso de la temperatura y así evitamos quemar el chocolate.

- **Baño maría.** Se trata de un genera- dor de calor indirecto, compuesto por un receptáculo estanco con agua caliente, donde se colocan recipientes para mantener calien- tes los alimentos. Puede ser a gas o eléctrico, con toma de agua di- recta o indirecta. Se trata de un método de atemperado/recalen- tado envolvente que reparte el calor de forma homogénea y es delicado con los productos.

Figura 6.6. El baño maría es un equipo muy versátil que se utiliza tanto para conservar como para regenerar alimentos.

- **Cocedor de crema.** Se trata de un cazo eléctrico que reparte el calor de forma uniforme desde la base. Es una herramienta muy versátil, utilizada para la elaboración de cremas, jarabes o caramelos.

- **Cocedor de vapor.** Sirve para cocinar algunos postres y tartas con una tem- peratura concreta mediante vapor de agua. Existen modelos que trabajan con y sin presión.

- **Fogón.** Son generadores de calor directo empleados para el cocinado de ma- terias primas, que permiten emplear las diferentes técnicas de cocinado. Pueden ser de gas o eléctricos (vitrocerámicas o de inducción).

- **Freidora.** Se trata de una sartén de grandes proporciones para hacer grandes frituras. Según el modelo puede ser a gas, eléctrica o mixta, y disponer de una o varias cubetas. Podemos regular la temperatura del aceite para que la fritura sea uniforme y constante. En pastelería se usa para regenerar masas fritas como churros o buñuelos. En su utilización es importante que el aceite tenga la temperatura adecuada antes de sumergir el alimento, ya que en caso contrario absorbería una cantidad de grasa excesiva. Además, es necesario cambiar el aceite con frecuencia evitando su sobreuso.

- **Fermentadora.** Se utiliza para la fermentación de masas que contengan levadura fresca mediante la generación de una temperatura adecuada y constante. Permite la fermentación de las masas con calor seco o con una cierta humedad (también regulable), facilitando la estandarización de la producción y disminuyendo la posibilidad de fallos en el horneado.

- **Horno.** Los hornos pueden utilizarse para recalentar los productos terminados. Ofrecen un calor envolvente y permiten trabajar con grandes cantidades de producto en poco tiempo, por lo que su uso está muy extendido.

6.2.3. Técnicas de rehidratación

Cuando rehidratamos un producto se producen tres fenómenos: el primero es la hidratación propiamente dicha; el segundo, la transferencia de solutos del interior del alimento al líquido de rehidratación; por último, el aumento de volumen y la recuperación de la textura.

Rehidratar un alimento desecado es un proceso relativamente sencillo, pero la calidad del resultado final dependerá también del método de secado, la temperatura y la velocidad del mismo, la forma de envasado y la temperatura de almacenamiento.

Para una correcta rehidratación, debemos sumergir el alimento desecado en un líquido y esperar que este penetre lentamente en el interior del mismo. La opción más común es utilizar agua, pero el alimento puede perder algunos nutrientes que se disuelvan en ella y además quedar insípido. En pastelería también es habitual rehidratar frutas desecadas y otros productos en una solución de agua con azúcar. Con este sistema, minimizaremos la pérdida de valor nutricional y potenciaremos su sabor dulce, aprovechándolo en la elaboración posterior. Otra opción es realizar la hidratación utilizando zumos de frutas, con lo que premeditadamente estamos añadiendo un sabor concreto que aprovecharemos después.

6.2.4. Técnicas de recuperación de la atmósfera normal

Para la recuperación de la atmósfera normal en alimentos envasados al vacío o en atmósfera modificada, lo primero que hay que tener en cuenta es si una vez abiertos necesitan frío para su conservación o no. En el caso de los alimentos perecederos la recuperación de la atmósfera normal se realizará en refrigeración, y en el caso de los no perecederos se podrá realizar a temperatura ambiente con sistemas que permitan el control de la humedad y la temperatura.

Lo segundo que hay que tener en cuenta es el tiempo que necesita cada alimento para su regeneración. En el caso de frutas o verduras puede ser mínimo, mientras que en el caso de carnes puede ser de 20 a 30 minutos. Al recuperar panes y masas envasadas al vacío hay que pensar si requieren de una fermentación previa al horneado, en cuyo caso combinaremos el tiempo de recuperación de atmósfera con el de fermentado.

En último lugar, hay que tener en cuenta el uso final del producto en cuestión para facilitar su procesado. Si el producto va a ser horneado con posterioridad recuperaremos la atmósfera directamente en las bandejas de horno, que utilizaremos después con el fin de disminuir la manipulación y optimizar el trabajo.

6.2.5. Técnicas de horneado de panes o bollería precocida

Cuando utilizamos panes o bollería precocida, esta puede ser de fabricación industrial o de elaboración propia. En el primer caso es importante seguir las instrucciones del fabricante para una correcta regeneración; en el segundo debemos definir nuestro propio proceso con la realización de pruebas que nos permitan optimizar la calidad sensorial del producto final.

De forma general, los pasos del proceso de horneado de panes o bollería precocida son los siguientes:

- **Almacenamiento adecuado.** En función del método de conservación se deberán almacenar en congelación o a temperatura ambiente. Si son de elaboración industrial se guardarán en el recipiente facilitado por el fabricante, mientras que los de fabricación propia se colocarán directamente en las bandejas de horno que utilizaremos con posterioridad. Al evitar trasvasar las piezas de un recipiente a otro facilitamos la manipulación a lo largo de todo el proceso y minimizamos el riesgo de rotura de las mismas.

Figura 6.7. El proceso de horneado de panes y bollería precocida consta de una serie de etapas que deben seguirse para conseguir la calidad deseada.

- **Descongelación.** Solo si es necesaria según indicaciones del fabricante o siguiendo nuestro propio criterio. En cualquier caso, utilizaremos las bandejas de horneado por los mismos motivos que en el caso anterior.

- **Fermentación.** Cuando sea necesario fermentar la masa lo haremos preferiblemente en la cámara de fermentación, ya que así conseguiremos unos resultados uniformes.

- **Horneado.** Realizaremos la cocción de los productos siguiendo las instrucciones del fabricante o mediante los parámetros de tiempo y temperatura definidos por nosotros mismos. En cualquier caso, es importante que los productos estén completamente descongelados. Podemos humedecer la masa (lo que le aportará elasticidad) o pintar y decorar los productos antes de la cocción. El horno debe tener la temperatura adecuada antes de introducir el producto en su interior, y tendremos en cuenta que en función del modelo con el que trabajemos podemos necesitar más o menos tiempo.

- **Hornos.** Permiten cocer todo tipo de masas a temperaturas controladas y adecuadas a cada elaboración. Existen hornos convencionales y de convección. Pueden funcionar con electricidad, gas, gasoil o incluso leña. Algunos incorporan un sistema para la cocción con vapor. Puesto que el horneado en sí es bastante simple, la clave está en elegir el horno adecuado en función de los productos que ofrecemos en nuestro establecimiento. Nos fijaremos en su tamaño, su distribución, dónde está la fuente de calor, la temperatura que alcanza, y si dispone de calor envolvente o de horneado a vapor. Existen hornos específicos para pastelería, panes o *pizzas*.

- **Enfriamiento.** Una vez cocidos los productos, estos deben refrigerarse en un lugar fresco y seco. Es un momento crítico, porque un exceso de humedad puede reblandecer los productos; una refrigeración muy lenta puede provocar una sobrecocción, y si esta es demasiado rápida las masas pueden quebrarse.

- **Decoración.** Después del enfriamiento podemos decorar la bollería según la receta de cada producto.

6.3. IDENTIFICACIÓN DE EQUIPOS ASOCIADOS

En un obrador diferenciamos distintas zonas según las funciones que se desempeñen en ellas.

Unas están destinadas a la conservación y el almacenamiento, y en otras se realizará el trabajo característico de un obrador.

Necesidades de un obrador	
Espacios y maquinaria	Las necesidades de espacio y maquinaria para la elaboración de panes y bollería en un obrador de panadería/pastelería son las siguientes: • **Zona de recepción:** con mesas y bancadas; báscula y termómetro; cubos de basura y lavamanos; recipientes. • **Almacén:** con estanterías; recipientes. • **Zona de cámaras:** con estanterías; recipientes; carros y torres portabandejas; indicadores de temperatura. • **Pastelería fría:** climatizador con indicador de temperatura; mesas de trabajo, pilas, estanterías, equipos y utillaje; cubos de basura y lavamanos; útiles de limpieza y desinfección; guantes y mascarillas. • **Pastelería caliente:** con hornos y campanas extractoras; armario caliente y baño maría; elementos de cocción, abatidor de temperatura; mesas de trabajo, pilas, estanterías, equipos y utillaje; cubos de basura y lavamanos; útiles de limpieza y desinfección; guantes y mascarillas. • **Zona de fregadero:** mesas para el depósito de utensilios y menaje sucio; fregaderos, lavavajillas; estanterías y barras para el colgado de menaje y utillaje; campana para la extracción de vahos. • **Cuarto de basuras:** con contenedores con tapa hermética; sistema de lavado a presión. • **Aseos:** con lavamanos, dosificador de jabón, secado automático de manos o dispensador de papel; taquillas y zapatero. • **Otras dependencias:** como la oficina administrativa. • **Sala de venta:** con mostradores y expositores.
Tiempo	El proceso de producción de panadería y bollería requiere de largos tiempos de: • Amasado. • Fermentación. • Horneado. • Enfriamiento. • Conservación.

6.4. FASES DE LOS PROCESOS, RIESGOS EN LA EJECUCIÓN Y CONTROL DE RESULTADOS

Cuando regeneramos un producto que está en unas condiciones óptimas de conservación, estamos asumiendo dos riesgos: el primero es que lo contaminemos con una manipulación inadecuada (volviéndose inseguro), y el segundo es que la regeneración no sea óptima y el alimento no recupere el estado adecuado que necesitamos para su posterior manipulación o servicio.

En cualquiera de los dos casos nos encontraríamos con alimentos inservibles desde un punto de vista comercial: alimentos inseguros que hay que desechar o que en caso contrario pueden suponer un riesgo para la salud de los comensales, una merma de género (con su respectiva pérdida económica), o lo que es peor, una rotura de *stock* que nos impidiera servir un pedido a alguno de nuestros clientes.

6.4.1. RIESGOS HIGIÉNICO-SANITARIOS EN EL PROCESO DE REGENERACIÓN

Los productos semielaborados y terminados que se conservan para su posterior regeneración son alimentos que, sin ser estériles en muchos casos, sí son muy seguros. Esto se debe a que han pasado por un proceso de elaboración y manipulación muy higiénico basado en las directrices de un sistema de autocontrol llamado APPCC (Análisis de Peligros y Puntos de Control Crítico).

Los alimentos, durante la etapa de regeneración, a pesar de ser productos muy seguros, son muy vulnerables a la contaminación, dado que es justo la última etapa antes del servicio. Una contaminación en este punto supondría la puesta en el mercado de alimentos inseguros con el consiguiente riesgo de contaminación de nuestros clientes.

Los errores más frecuentes que afectan a la calidad higiénico-sanitaria del producto final son los siguientes:

- **Errores durante la descongelación.** La congelación inhibe completamente el crecimiento de la mayoría de las bacterias patógenas de transmisión alimentaria, por lo que es uno de los métodos de conservación más seguros que existen y además de los que menos alteran las propiedades organolépticas de los alimentos. Puede parecer que la descongelación es también un proceso seguro, pero se trata de un momento crítico en el que no solo los microorganismos ya presentes en los productos pueden volver a crecer, sino que además estos se pueden contaminar en ese momento. Los errores más habituales que se cometen durante la descongelación son:

  - **Descongelación en agua caliente.** Como hemos visto en un apartado anterior, podemos descongelar los alimentos en agua si estos están perfectamente envasados y siempre que se haga en agua fría fluyente. Utilizar agua caliente acelera el proceso de descongelación, pero también el crecimiento microbiano, volviendo los alimentos muy inseguros.

  - **Descongelación a temperatura ambiente.** Descongelar alimentos a temperatura ambiente es un error muy habitual que supone la rotura inmediata de la cadena de frío. Los microorganismos presentes en ellos comienzan a desarrollarse durante el tiempo en que los productos están a temperatura ambiente, y no se puede garantizar su seguridad.

- **Contaminación cruzada.** Durante la regeneración es necesario prestar especial atención a aquellos errores que pueden provocar una contaminación cruzada del alimento que estamos manipulando. Entre los factores más importantes a tener en cuenta están:

  - Regeneración en zonas de trabajo de las denominadas «sucias», donde se elaboran o manipulan materias primas crudas.

  - Utilización de los mismos útiles y superficies de trabajo para los alimentos crudos y para aquellos que estamos regenerando.

- Colocación incorrecta de productos en las cámaras. Los productos que estamos descongelando han de colocarse separados de los alimentos «sucios» o crudos de forma estricta.

- Regeneración de alimentos crudos o fríos en zonas calientes.

- Uso inadecuado de guantes, no cambiándolos con la frecuencia correcta.

- Secado con paños de cocina en vez de con papel desechable.

- **Temperatura de regeneración inadecuada.** La temperatura de regeneración ha de ser de al menos 70 ºC en el centro del producto de aquellos alimentos que se sirvan calientes o a temperatura ambiente. Un error frecuente es no comprobar la temperatura interior mediante un termómetro de sonda y fiarnos solo del aspecto exterior de los productos.

- **Temperatura de almacenamiento inadecuada.** Un error frecuente, aunque no forma de manera estricta parte de la regeneración, es considerar que los alimentos conservados con cualquier método pueden mantenerse a temperatura ambiente sin ningún problema. En cualquiera de los casos, debemos tener en cuenta que regenerar un producto mal conservado previamente no garantiza su seguridad. De forma especial, consideraremos lo siguiente:

  - **Los productos envasados al vacío** se guardarán en refrigeración si siguen siendo perecederos.

  - **Los alimentos concentrados** no siempre son seguros a temperatura ambiente, puesto que la concentración puede ser solo parcial.

  - **Algunas semiconservas,** como las anchoas, es necesario guardarlas en refrigeración incluso cerradas.

  - **Las conservas abiertas** se conservarán en cámara frigorífica y además se cambiarán a un recipiente apto para uso alimentario.

  - **Los alimentos en almíbar,** si no han recibido un tratamiento térmico específico, es necesario conservarlos en frío.

  - **Solo algunos panes y masas precocidas** pueden conservarse a temperatura ambiente, el resto necesitan frío.

- **Manipulación de alimentos de riesgo.** Algunos productos que se sirven crudos, sin recibir tratamiento térmico, se consideran alimentos de riesgo y hay que seguir con ellos unas precauciones especiales. En pastelería, los alimentos crudos más habituales son por un lado las frutas, y por otro las salsas, las cremas y los postres a base de huevo crudo. Además de seguir una prácticas de elaboración y almacenamiento adecuadas, en el momento de la regeneración (puesto que son productos que no van a recibir un tratamiento térmico) prestaremos especial atención a la manipulación en esta fase.

6.4.2. Errores más frecuentes en la regeneración de alimentos que afectan a la calidad del producto final

Atendiendo al sistema de regeneración empleado, los errores más frecuentes que afectan a la calidad organoléptica y nutricional del producto final son los siguientes:

- **Errores durante la descongelación.** Se trata de un proceso que necesita realizarse de forma lenta para que el alimento en cuestión recupere al máximo su textura y cualidades originales. Intentar adelantar el proceso puede provocar una descongelación insuficiente, además de una pérdida importante de la calidad debido a una deficiente textura, pérdida de aromas, pérdida de jugosidad interna o cambios en la coloración exterior.

  - **Descongelación insuficiente.** Las prisas y la mala planificación hacen que pensemos que los productos están completamente descongelados cuando no es así. Los panes o las masas que siguen congelados en su interior se vuelven quebradizos en el horneado, además de cocinarse en exceso en la corteza y continuar crudos en el interior.

  - **Descongelación en agua caliente.** Para evitar la lentitud del proceso de descongelación, muchas personas utilizan agua caliente en vez de fría, acortando el proceso, pero afectando negativamente a las propiedades de los alimentos. El agua caliente actúa sobre la textura de los tejidos, ablandándolos, facilita el desprendimiento de aromas, comienza la degradación de ciertas vitaminas sensibles y en función de la temperatura comienza el cocinado de los alimentos.

  - **Descongelación a temperatura ambiente.** Una falta de planificación hace que muchas personas decidan descongelar algún producto a temperatura ambiente en vez de hacerlo en refrigeración. Se acortan los tiempos, pero una vez que el producto está completamente descongelado sus propiedades organolépticas y su seguridad se ven afectadas muy negativamente.

Figura 6.8. Descongelar alimentos a temperatura ambiente supone una pérdida de propiedades innecesaria.

  - **Uso inadecuado del microondas.** Aunque es un aparato que utilizamos con frecuencia, es tecnológicamente una mala opción para la descongelación. El agua presente en el interior de los alimentos está formando cristales de hielo, por lo que no gira de forma apropiada, rompiendo la textura interna de los tejidos. Además, un error muy habitual es que el alimento descongelado en microondas esté parcialmente cocinado en su parte exterior mientras su interior continúa helado.

– **Envasado inadecuado durante la descongelación.** Los alimentos que se descongelan sin el envasado adecuado pueden perder propiedades organolépticas y nutricionales durante la descongelación. Cuando esta se realiza en frigorífico pueden originarse oxidaciones, y cuando se efectúa en inmersión de agua se produce la disolución de nutrientes y la hidratación del producto.

– **Descongelación sucesiva.** Aunque está prohibido por la legislación sanitaria, en muchos establecimientos siguen volviendo a congelar alimentos descongelados previamente. Además de los riesgos para la salud comentados en el apartado anterior, los alimentos que sufren más de un ciclo de congelación ven afectadas notablemente sus propiedades.

• **Atemperado o recalentado inadecuados.** Cuando atemperamos o recalentamos alimentos refrigerados previamente, es importante alcanzar la temperatura adecuada en el centro del producto. En caso de un recalentado insuficiente el alimento puede seguir frío por dentro, lo que supone una temperatura de producción o servicio inadecuados. Con un recalentado excesivo estamos resecando el producto, por lo que pierde gran valor comercial.

• **Fallos en la rehidratación.** Regenerar un alimento deshidratado es un proceso relativamente simple. El error más habitual es hidratarlo de forma insuficiente o de forma excesiva. Cada alimento necesita un tiempo de rehidratación preciso que puede marcar el fabricante, o bien lo tenemos que determinar nosotros mediante la realización de pruebas sensoriales.

• **Cálculos equivocados en la dilución.** Cuando diluimos un alimento concentrado es importante que ajustemos de forma precisa la cantidad de líquido que debemos añadir, ya que por defecto obtendríamos un producto demasiado potente de sabor y en exceso el resultado sería muy insípido.

• **Errores en la desalación.** Al desalar un producto tenemos que conseguir el punto óptimo de sal. Una desalación insuficiente puede provocar que la elaboración final sea demasiado salada y, por tanto, comercialmente inservible. En el proceso de desalación es necesario cambiar el agua de remojo varias veces. Un cálculo erróneo de los cambios de agua puede ser el fallo más habitual.

- **Escurrido insuficiente.** El único riesgo en el escurrido es que este sea insuficiente y el producto en cuestión tenga demasiado líquido de cobertura. Al utilizar estos productos en la elaboración de productos de pastelería dulce o salada un exceso de líquido puede afectar a la textura.

- **Lavado excesivo.** Cuando decidimos lavar algún alimento en conserva para quitarle un sabor muy marcado del líquido de gobierno, el riesgo más probable es un lavado excesivo que deje el producto insípido.

- **Mala recuperación de la atmósfera normal.** Al abrir un alimento envasado al vacío o en atmósfera modificada el mayor riesgo que podemos correr es que el tiempo de exposición al oxígeno del aire sea inadecuado, por exceso o por defecto. En los productos sensibles a las oxidaciones, como frutas o verduras, es importante no exponerlos más tiempo del necesario, ya que se pardearían. En el caso de las carnes rojas o embutidos necesitamos una exposición de al menos 20 minutos para que recuperen su color característico.

- **Errores en el horneado de panes o bollería precocida.** Para obtener el producto final en las condiciones ideales es necesario regular de forma precisa el tiempo y la temperatura de horneado. El riesgo más frecuente es un precalentamiento insuficiente del horno, una sobrecarga del mismo o un tiempo de horneado excesivo.

6.5. REALIZACIÓN DE OPERACIONES NECESARIAS PARA LA REGENERACIÓN

La regeneración siempre irá asociada a otro tipo de operaciones como la congelación, la refrigeración, el atemperado y muchas más. Todos entrelazados entre sí para conseguir la mejor regeneración del producto.

Técnica de conservación	Técnica de regeneración
Congelación	Descongelación
La congelación es uno de los métodos de conservación que mejor preserva las propiedades de los alimentos. Tiene un doble efecto, ya que por un lado está el descenso de temperatura, y por otro la falta de acceso al agua libre de los microorganismos, al estar esta congelada. En consecuencia, el crecimiento microbiano se inhibe. Para una correcta regeneración, los alimentos se descongelan completamente mediante distintas técnicas: refrigeración, inmersión en agua o microondas. Los alimentos descongelados recuperan gran parte de sus propiedades iniciales, pero vuelven a ser vulnerables a la contaminación microbiana.	
Refrigeración	Atemperado/recalentado
La refrigeración ralentiza el crecimiento de microorganismos presentes en los alimentos por la acción de las bajas temperaturas. El frío mejora la conservación, pero aquellos alimentos que deben servirse calientes no tienen la temperatura adecuada. Además, se produce un cambio de la viscosidad de los alimentos líquidos. Los productos refrigerados se regeneran mediante un atemperado o recalentado a la temperatura de servicio adecuada que permita recuperar sus propiedades.	

Técnica de conservación	Técnica de regeneración
Deshidratación	**Hidratación**

Las técnicas de deshidratación son las más utilizadas en la conservación de alimentos, ya que los microorganismos no pueden crecer ante la falta de agua. Los alimentos deshidratados se vuelven especialmente seguros, aunque difícilmente pueden consumirse tal cual dado que su textura y el resto de sus propiedades cambian radicalmente.

La forma de regeneración de estos productos es su rehidratación en agua, con lo que recuperamos la textura adecuada y parte de sus propiedades originales, antes de someterlos a un tratamiento térmico adecuado.

Concentración	**Dilución**

Cuando eliminamos parte del agua contenida en un líquido, como una salsa, un jugo o un caldo, estamos concentrando el resto de sus componentes, por lo que se potencia su sabor y aumenta su viscosidad. La baja actividad de agua es la responsable del aumento de conservación, aunque normalmente es necesario conservar estos alimentos en refrigeración.

La regeneración, en este caso, consiste en la dilución de estos productos mediante la adición de agua u otros líquidos, además del ajuste de la temperatura hasta alcanzar la viscosidad adecuada.

Salación	**Desalación**

Cuando salamos un alimento se produce una disminución de su actividad del agua y una deshidratación del mismo. El crecimiento de microorganismos se inhibe y el alimento se vuelve seguro, además de cambiar las propiedades organolépticas. La salación puede realizarse con sal seca o mediante inmersión en salmuera.

Algunos alimentos en salazón pueden comerse tal cual, como las huevas de pescado, la cecina o el jamón. Sin embargo, otros alimentos, debido a su alta concentración salina o en relación a la elaboración que vamos a preparar, es necesario desalarlos previamente. La regeneración consiste en el lavado por inmersión en agua limpia.

Almíbar	**Escurrido**

Cuando sumergimos un alimento (normalmente frutas) en almíbar, se produce un efecto osmótico mediante el cual ganan azúcar y pierden agua. Hay una pequeña deshidratación, pero una gran disminución de la actividad del agua que inhibe el crecimiento de microorganismos y mejora la conservación de los alimentos.

Los alimentos conservados de esta forma no necesitan una regeneración como tal dado que el marcado sabor dulce del almíbar es ideal para la elaboración de productos de pastelería y repostería, así que solo será necesario escurrirlos. En cualquier caso, el almíbar recuperado se puede aprovechar para el mojado de bizcochos, por ejemplo.

Conservas	**Escurrido/lavado**

Los alimentos en conserva se introducen en una lata o recipiente de vidrio que se rellena con el llamado líquido de gobierno o de cobertura. Este último, al envolver el alimento completamente, favorece la transmisión de calor y la extracción de aire durante el proceso de esterilización por calor posterior al que se someten los recipientes. Los microorganismos presentes de forma natural en los alimentos son eliminados por la acción del calor, y al estar los envases cerrados herméticamente conseguimos que las conservas sean alimentos completamente estériles y seguros.

En algunos casos, el líquido de gobierno puede ser consumido, dado que aporta un gran sabor y puede contener muchos nutrientes, por lo que no sería necesaria una regeneración. En otras ocasiones el líquido de cobertura no nos interesa y podemos eliminarlo mediante escurrido, y en caso de querer evitar un sabor muy marcado podemos lavar el alimento con agua, teniendo en cuenta que se perderían algunas de sus propiedades nutritivas.

Envasado al vacío o en atmósfera modificada	**Recuperación de la atmósfera normal**

Cuando envasamos un alimento al vacío, extraemos parte del aire incrustado en los poros del mismo y sellamos el envase para evitar que contacte con el oxígeno del ambiente exterior. La falta de oxígeno dificulta el crecimiento de microorganismos, y aunque el alimento no es estéril aumenta considerablemente su tiempo de conservación. Algunos alimentos evolucionan mal en ausencia de aire, por lo que una vez extraído este es posible añadir una atmósfera modificada (mezcla de varios gases) que controla el deterioro de los mismos.

La regeneración consiste en abrir el envase y dejar que el alimento recupere la atmósfera normal. El efecto es diferente para cada tipo de alimento, pero es frecuente una recuperación del color.

6.6. POSTRES Y OTROS PRODUCTOS PREPARADOS. DISTINTAS CLASES

Debemos tener especial cuidado con la regeneración de postres y otros productos ya preparados, como hemos mencionado anteriormente. Encontramos un amplio abanico de postres que se utilizan mucho en restaurantes y hoteles, ya que muchos de estos establecimientos no suelen tener un personal específico para dichas elaboraciones, por lo que necesitan elaboraciones básicas fáciles de regenerar y de aplicar un montaje y una decoración sencilla que dé lugar a un postre saludable y sabroso al mismo tiempo.

Tenemos a nuestra disposición las siguientes clases:

- **Tartas congeladas.** Se mantienen en congeladores cortadas en porciones, las cuales se sirven semicongeladas al sacarlas con anterioridad del congelador, manteniéndolas en cámaras a una temperatura inferior.

- *Mousses* **y cremas.** Estos tipos de postres también se encuentran congelados y se almacenan en los congeladores, dejando algunos de estos en cámara unas horas antes del servicio para que adquieran la textura adecuada.

- *Coulants* **y postres calientes.** Este tipo de preparados se encuentran congelados y su regeneración se realiza directamente en el horno a 180 ºC, para conseguir que su centro no llegue a cocerse, ya que el postre se caracteriza por tener dicha textura. Se deberá avisar al cliente que este postre suele tardar un tiempo prudencial, pues se regenera en el momento.

MAPA CONCEPTUAL

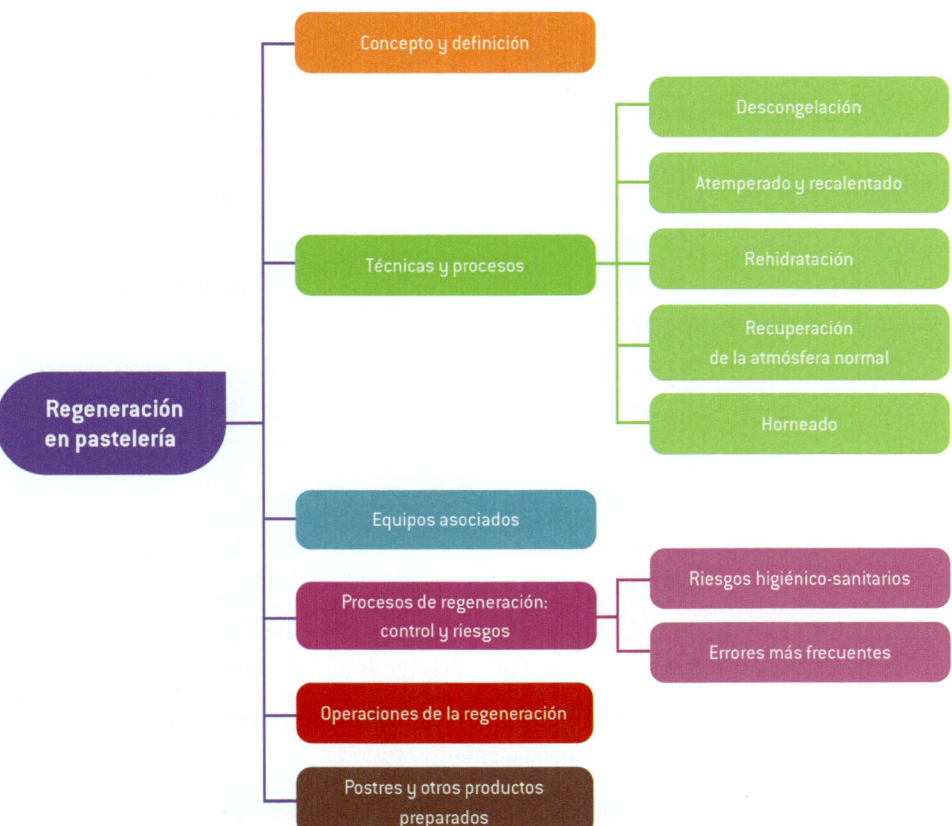

GLOSARIO

REGENERACIÓN: proceso de devolver a un producto elaborado sus características organolépticas originales (sabor, textura, aroma, temperatura) antes de ser consumido.

REHIDRATACIÓN: técnica empleada para devolver la humedad a productos secos o deshidratados, como frutas pasas o gelatinas.

RECRISTALIZACIÓN: fenómeno físico en el azúcar y el chocolate, que debe controlarse al regenerar para mantener textura y brillo adecuados.

HUMEDECIMIENTO: acción de añadir humedad mediante vaporización, baños maría o jarabes, con el fin de suavizar productos secos como bizcochos o brioches.

SHOCK TÉRMICO: cambio brusco de temperatura (frío-calor) que puede afectar la regeneración de masas o coberturas.

DESCONGELACIÓN: paso inicial en la regeneración de productos congelados, que debe realizarse de forma controlada para mantener la calidad.

FERMENTACIÓN RESIDUAL: actividad mínima de levaduras que puede seguir presente en masas durante la regeneración, afectando su volumen y textura.

BAÑO MARÍA: técnica de regeneración suave mediante calor indirecto en agua caliente, usada para cremas, salsas o coberturas.

MICROONDAS: maquinaria para regenerar productos de pastelería, especialmente bollería y masas blandas, recuperando su esponjosidad.

HORNO REGENERADOR: equipo diseñado para calentar y devolver la textura a productos horneados previamente sin alterar sus propiedades.

TEXTURA: conjunto de propiedades físicas percibidas por el tacto y el paladar (suavidad, esponjosidad, cremosidad, crujencia, densidad) que determinan la sensación en boca de un producto de pastelería y que deben preservarse o recuperarse durante la regeneración.

JARABE AROMATIZADO: preparado líquido usado para impregnar bizcochos secos en el proceso de regeneración, aportando humedad y sabor.

CONSERVACIÓN: conjunto de técnicas previas a la regeneración que garantizan que los productos se mantienen en condiciones óptimas.

GLASEADO: técnica que puede aplicarse durante la regeneración para devolver brillo y frescura a piezas de bollería o tartas.

CALOR SECO: método de regeneración en horno convencional para piezas hojaldradas y productos que deben mantener su textura crujiente.

ACTIVIDADES FINALES

6.1. **¿Cuál es el objetivo principal de la regeneración de alimentos?**

a) Aumentar su duración.

b) Restaurar sus propiedades y alcanzar la temperatura de consumo.

c) Cambiar su forma de presentación.

6.2. **¿Qué método de descongelación conserva mejor la textura del alimento?**

a) En agua caliente.

b) En refrigeración.

c) En microondas.

6.3. **¿Cuál de los siguientes equipos se utiliza especialmente para fundir chocolate?**

a) Cocedor de crema.

b) Freidora.

c) Atemperador de chocolate.

6.4. **¿Qué fenómeno NO se produce durante la rehidratación?**

a) Transferencia de solutos.

b) Fermentación del alimento.

c) Aumento de volumen.

6.5. **¿Qué debe evitarse para prevenir la contaminación cruzada durante la regeneración?**

a) Usar utensilios nuevos.

b) Utilizar zonas de trabajo sucias.

c) Mantener alimentos envasados.

6.6. **¿Qué tipo de regeneración corresponde a productos en salazón?**

a) Dilución.

b) Hidratación.

c) Desalación.

6.7. **¿Qué riesgo representa descongelar alimentos a temperatura ambiente?**

a) Pérdida de sabor.

b) Rotura de la cadena de frío y desarrollo microbiano.

c) Rehidratación forzada.

6.8. **¿Qué técnica se utiliza para regenerar alimentos refrigerados?**

a) Congelación rápida.

b) Atemperado o recalentado.

c) Salazón.

6.9. **¿Cuál es la temperatura interna recomendada para un producto regenerado listo para servir?**

a) 40 °C.

b) 50 °C.

c) 70 °C.

6.10. **¿Qué riesgo es común al utilizar microondas para descongelar alimentos?**

a) Deshidratación total.

b) Cocción desigual y deterioro de textura.

c) Pérdida total de nutrientes.

ACTIVIDADES APLICACIÓN

6.1. **Explora métodos reales de regeneración**

Investiga cómo se lleva a cabo la regeneración de productos congelados en obradores de repostería reales. Visita al menos dos obradores o consulta sus páginas web. Describe los métodos empleados, el equipamiento utilizado y las precauciones higiénico-sanitarias observadas.

6.2. **Analiza un proceso de descongelación**

Realiza un experimento práctico: congela una porción de tarta o pastel y prueba tres métodos distintos de descongelación (refrigeración, agua fría corriente y microondas). Registra los tiempos, evalúa la textura final y reflexiona sobre los resultados en términos de calidad y seguridad alimentaria.

6.3. Comparativa de equipos de regeneración

Busca información técnica y comercial sobre tres equipos utilizados en regeneración (por ejemplo: atemperador de chocolate, baño maría, horno de convección). Compara sus características, precios y aplicaciones en repostería. Expón cuál sería más adecuado para un pequeño obrador y por qué.

6.4. Normativa higiénico-sanitaria

Investiga la normativa específica relacionada con la seguridad alimentaria durante la regeneración de alimentos. Enfócate en las regulaciones sobre descongelación, temperaturas mínimas de servicio y prevención de la contaminación cruzada. Resume los aspectos más relevantes y cómo se aplican en la práctica.

6.5. Diseño de una zona de regeneración

Imagina que estás diseñando una zona de regeneración dentro de un obrador de pastelería. Haz un plano sencillo donde ubiques el equipamiento necesario, señalando el flujo de trabajo, las zonas limpias y sucias, y los puntos críticos de control para garantizar la seguridad del proceso.

ACTIVIDADES AMPLIACIÓN

6.1. Consulta tendencias en regeneración de repostería

Visita la revista «Pastelería Panadería y Chocolatería» (https://www.pasteleria.com) y localiza al menos dos artículos recientes relacionados con la elaboración de productos o la planificación de postres en obradores. Explica cómo adaptar las técnicas de regeneración estudiadas a cada uno de los postres elegidos.

6.2. Explora innovaciones en maquinaria de pastelería

Entra en la web de una empresa especializada como Distform (https://www.distform.com). Busca novedades en maquinaria para regenerar productos (mesas calientes, abatidores, baños maría, etc.). Describe dos tecnologías innovadoras y cómo mejoran la eficiencia y productividad.

6.3. Comparativa de tiempos y calidad en técnicas de regeneración

Elige tres métodos de regeneración diferentes (por ejemplo: baño maría, horno, microondas). Investiga y compara los tiempos medios que requieren para regenerar un producto estándar (ej. *coulant* o *mousse*) y valora cuál conserva mejor la textura y la presentación original.

6.4. Estudio de procesos en obradores profesionales

Visualiza vídeos o reportajes de obradores de pastelería profesionales en plataformas como YouTube o Vimeo. Analiza cómo gestionan los procesos de regeneración de tartas, bollería o postres individuales. Describe qué maquinaria emplean, cómo organizan el espacio y cuál es el flujo de trabajo observado.

6.5. Comparativa de regeneración en repostería tradicional vs. industrial

Compara cómo se realiza la regeneración en repostería tradicional (obradores artesanales) y en la industrial (fábricas o cadenas hoteleras). Puedes apoyarte en vídeos, artículos o entrevistas. Identifica diferencias en procesos, equipos, tiempos y calidad final del producto.

CASO PRÁCTICO

Contexto

Eres el jefe de obrador en una pastelería moderna que produce tartas, *mousses,* bollería precocida y postres calientes como *coulants.* Tenéis una línea de productos congelados que se regeneran antes del servicio. El establecimiento cuenta con zona de venta directa al público y sirve a cafeterías y restaurantes. Debido al aumento de la demanda, se presentan desafíos en la organización del proceso de regeneración: tiempos descoordinados, pérdida de textura en productos y sobrecarga de maquinaria.

Reto 1: Organigrama del obrador

Dibuja un organigrama del personal del obrador. Incluye al menos estos perfiles:

- Jefe de obrador
- Oficiales de pastelería
- Ayudantes
- Personal de limpieza
- Responsable de almacén

Para cada puesto, describe sus funciones y cómo intervienen en el proceso de regeneración (preparación previa, control de tiempos, uso de maquinaria, etcétera).

Reto 2: Proceso de regeneración y optimización del trabajo

Dibuja y explica el proceso de regeneración de los principales productos del obrador (tartas congeladas, *mousses,* bollería precocida, *coulants*). Para cada tipo de producto, indica:

- Técnica y equipo utilizado
- Tiempos necesarios
- Responsables de cada fase
- Problemas habituales y soluciones propuestas

Finaliza proponiendo un plan de mejora para optimizar el uso del espacio, la maquinaria y los tiempos de regeneración, minimizando errores y mejorando la calidad final.

© Ediciones Paraninfo

7. Presentación y decoración de postres elementales

Contenidos

INTRODUCCIÓN

Las presentaciones y las decoraciones son de vital importancia en la repostería, ya que son las que visten las diferentes elaboraciones. Debemos conocer todos los utensilios a usar para poder sacar el mayor rendimiento de los diferentes postres.

Las decoraciones con chocolates, las borduras realizas con glasa y los diferentes baños serán los encargados de darle un toque de finura a las elaboraciones.

Debemos conocer cómo se realizan dichas preparaciones y tener una parte creativa para conseguir postres únicos y diferentes.

7.1. TÉCNICAS A UTILIZAR EN FUNCIÓN DE LA CLASE DE POSTRE

Cabe destacar que no existe una sola técnica de decoración a realizar según la clase de postre, lo que sí debemos tener en cuenta es que, dependiendo de cómo esté enfocado el postre, realizaremos técnicas de mayor o menos dificultad.

Es importante que el maestro pastelero demuestre sus dotes creativas, su experiencia y su profesionalidad a la hora de realizar las decoraciones: no por decorar en exceso obtendrá un mejor plato, por lo que debe regirse por el criterio de lograr un plato elaborado con buen gusto y en armonía con todos los elementos que lo forman, sin olvidarse de ninguno de los elementos que dan lugar a grandes platos dulces. Por ello, deberá tener en cuenta tanto el elemento principal como su acompañamiento y las distintas decoraciones, e incluso, el plato donde realizarlo, pues el conjunto de todo esto será lo que otorgue la belleza al plato.

Tampoco debe olvidarse que, aunque las decoraciones son la parte más llamativa del plato, un postre sin sabor, con mala textura e insulso, no impactará al comensal por muy visualmente atractivo que sea.

7.2. UTILIZACIÓN DE MANGA, *CORNETS,* «BIBERONES» Y OTROS UTENSILIOS

En el mercado existe una gran variedad de herramientas que ayudarán a realizar el trabajo del acabado y la presentación del plato. Se deberán tener en cuenta aquellas que realmente agilizan el trabajo y con las que se consigue un resultado profesional, desechando las que retrasan el trabajo. Los aparejos más básicos a utilizar en las decoraciones más simples serán los ya conocidos, como las espátulas, cucharas, mangas pasteleras y boquillas.

7.2.1. Uso y manejo de la manga pastelera

Es un útil de la pastelería muy utilizado; lo podemos utilizar con boquillas o sin ellas. Tiene una forma cónica, y en su parte más estrecha dispondremos las boquillas. La parte más ancha suele tener una pequeña lengüeta para ayudar a doblar la manga, y es por donde introduciremos la masa o crema. La manga pastelera puede ser de diferentes materiales, y dependiendo de cuál elijamos, tendrá un cuidado u otro; pero todas tienen en común que deben utilizarse siempre completamente limpias, sin ningún tipo de impureza o mancha. Este tipo de utensilio reproduce con facilidad bacterias y microorganismos que podrán dar lugar a posibles intoxicaciones de la mezcla introducida, por lo debemos tener un especial cuidado y mantenerlo siempre completamente limpio.

La manga deberá estar completamente seca para comenzar a utilizarla. Si el relleno que vamos a usar es demasiado líquido nos ayudaremos con unas tenacillas para prensar la manga haciendo presión cerca de la boquilla. También podemos disponer la manga dentro de un recipiente alargado para llenarla con mayor comodidad; este tipo de proceso de llenado es más para personas con poca experiencia en pastelería.

Las boquillas también deben estar correctamente limpias y secas y sin ningún tipo de impurezas. Elegiremos la boquilla en función de la utilidad del relleno que vamos a introducir dentro de la crema.

El proceso que debemos seguir para usar una manga pastelera es el siguiente:

1. Cortamos la manga pastelera.

2. Introducimos la boquilla por la parte ancha de la manga.

3. Doblamos la parte de arriba, donde no está la boquilla, por la mitad, e introducimos la mano en el hueco que se crea entre la manga pastelera y la parte doblada.

4. Disponemos la crema o relleno ayudándonos de una espátula o lengua. Si la crema fuera muy líquida, volcaremos el recipiente encima de la manga pastelera.

   No debemos olvidarnos de cerrar siempre la manga a la altura de la boquilla con una pinza para evitar que se pueda salir la elaboración.

   Si no queremos usar una pinza podemos introducir un poco de la manga dentro de la boquilla para hacer presión y que no surja el líquido por la parte estrecha de la manga.

5. Desdoblamos la manga con mucho cuidado para que no se salga el relleno; no debemos llenar la manga en más de sus tres cuartas partes de su capacidad para poder trabajar con más comodidad.

6. Ya tendríamos la manga como al principio, pero con el relleno dentro. Retorcemos la parte superior de la manga poco a poco para ir ejerciendo presión para que el aire que se haya podido crear desaparezca y para ir bajando el relleno a la altura de la boquilla y comenzar a trabajar con la manga, ya sea para escudillar, para rellenar o para decorar.

7.2.2. Uso y manejo del *cornet* o cartucho

El cartucho es una manga pastelera desechable que se realiza con papel sulfurizado; lo utilizaremos para realizar pequeñas decoraciones. Deberemos utilizar siempre papel sulfurizado, ya que otro tipo de papel absorberá la grasa del preparado para decorar y no dejará que resbale correctamente por su interior hasta llegar a la punta. La boquilla del cartucho será muy fina; la cortaremos siempre con unas tijeras antes de comenzar a decorar.

Para realizar un *cornet* deberemos seguir estos pasos:

1. Cortamos un rectángulo de papel de 25 cm de ancho por 35 cm de largo.

2. Doblamos el papel para conseguir un triángulo. Recortamos por la mitad.

3. Utilizamos la parte que quede como un triángulo, pero con dos puntas solamente.

4. Cogemos con los dedos pulgar e índice la parte del triángulo sin punta y giramos hasta llegar a la otra punta, dejando que se forma un cucurucho.

5. Doblamos la punta hacia dentro para sujetar las hojas.

A continuación, comentamos otros tipos de herramientas que también nos ayudarán a realizar un trabajo más preciso y profesional:

- **Cucharillas *deco spoon*.** Se caracterizan por parecer una pluma de escritura; por tanto, se pueden realizar diferentes florituras con ellas. Tienen un pequeño depósito donde se introduce la crema o *coulis* a utilizar, la cual irá cayendo por el orificio de la pluma. Existen de diferentes tamaños de depósito y grosor del orificio.

- **«Biberones».** Son tubos de plástico que se rellenan con diferentes cremas, salsas o *coulis*. Disponen de una pequeña boquilla que podrá ser más gruesa o más fina y con la que podremos realizar diferentes acabados.

- **Jeringuillas.** También son elementos utilizados para la decoración. Se caracterizan por estar formadas por un tubo estrecho donde se introduce el líquido con el que vayamos a decorar y mediante la presión de un émbolo surgirá el líquido por el orificio final del tubo, que se deberá mover para realizar el acabado deseado.

- **Buriles.** Los podemos encontrar de plástico, madera y acero. Los de plástico duro se utilizan para tallar, esculpir y dar forma a diferentes masas de azúcar, como el fondant o el mazapán. Podremos realizar flores, fornituras, figuras de animales, personas o alimentos. Es muy utilizado en la pastelería creativa de tartas y postres de fondant. También podremos realizar tallados de chocolate con este tipo de herramientas, pero utilizaremos los de acero, pues son de un material más fuerte.

7.3. CREMAS, CHOCOLATES Y OTROS PRODUCTOS Y PREPARACIONES EMPLEADOS EN DECORACIÓN

Dentro de la pastelería podemos realizar decoraciones muy sencillas que vestirán, cubrirán fallos y darán el toque fino al producto a embellecer.

Existen varios tipos de decoraciones sencillas entre los que encontramos los **baños**. Estos son los que se utilizan para cubrir tartas y postres variados para que tengan un aspecto lustroso, brillante y llamativo, características muy arraigadas en las presentaciones básicas de pastelería. Debemos tener en cuenta que este tipo de decoración suele ser muy pesada a la hora de consumirla, puesto que suelen usarse elementos grasos como el chocolate, el azúcar, o el fondant. Por tanto, estos tipos de decoraciones no deberán ser nunca la parte principal del plato, ya que son un mero acompañamiento del género principal que viste al plato y lo hace irresistible.

Podremos realizar baños de cobertura de chocolate, baños de yemas, baños de mantequilla o baños de brillo de azúcar. El baño se podrá aplicar directamente en el género principal formando una pequeña capa que lo cubra. Con él también podremos tapar pequeños defectos que hayan surgido en su elaboración.

Las coberturas de chocolate serán nuestras grandes aliadas a la hora de realizar decoraciones con ellas en los platos: gotas, telas de araña, elementos geométricos con los que jugar en los platos para realizar diferentes y creativas decoraciones, etcétera. Podemos convertir dichas coberturas en glaseados para cubrir los diferentes postres y darles una textura brillante. También podemos usar los glaseados en caliente para cubrir postres, en cuyo caso recibirán el nombre de salsas.

Apoyarnos en todas estas variantes nos ayudará a realizar platos estupendos y llamativos, pero, sobre todo, sabrosos.

Los escarchados son decoraciones sencillas realizadas con su materia prima principal, que es el azúcar. Tienen un toque crujiente y muy dulce. Se utilizan para decoraciones de frutas, bizcochos, pastas y *mignardises* y, en la actualidad, se están comenzando a escarchar flores comestibles que dan mayor vistosidad al plato.

Para escarchar realizaremos una cobertura de azúcar mediante un jarabe con la densidad adecuada o realizando glasas de agua o con clara de huevo. Este tipo de escarchados se puede tintar con tintes comestibles que darán el juego de colores para realizar diferentes decoraciones.

En la actualidad, estos escarchados se utilizan en las galletas cubiertas de glasa de colores, dando lugar a postres realmente llamativos con decoraciones sencillas.

Las borduras son, dentro de las decoraciones sencillas, las de mayor dificultad y con las que se deberá tener mayor destreza. Para realizar estas decoraciones podremos apoyarnos en utensilios específicos, como los *cornets*, los lápices y los «biberones» de boquillas finas, que implican un trabajo manual que necesita de gran destreza. Las borduras son lo que llamaríamos dibujos a mano alzada que dispondremos en las elaboraciones.

Nos apoyaremos en la manga pastelera. Las boquillas pueden ser lisas, rizadas, estriadas y las de decoraciones especiales. También podremos utilizar un *cornet* para las borduras de un tamaño menor y más fino.

Este tipo de decoraciones se realizarán en el decorado de tartas, pasteles, galletas y *petit fours*. Las materias primas a utilizar serán chocolates fundidos, *coulis* de frutas o pastas de azúcar (glasas con color).

Podremos realizar desde simples decoraciones de líneas y curvas, hasta grecas florales con una gran dificultad; todo ello dependerá de la destreza del pastelero y del postre en sí, dado que las grecas florales o más trabajadas serán más utilizadas en tartas, y las grecas más simples se destinarán a los *petit fours* y a las galletas que no necesitan de tanto adorno.

La parte más importante de la técnica para realizar borduras es efectuar un juego de muñeca perfecto, jugando con la presión ejercida en la manga pastelera y en el *cornet* para que la crema con la que estamos decorando se aplique de una u otra forma. Existen plantillas que nos facilitarán el trabajo de las borduras realizadas a mano alzada.

7.4. IMPORTANCIA DE LA VAJILLA

Gracias a la expansión de la hostelería y, sobre todo, de la pastelería, se ha abierto un gran abanico de materiales y formas de vajillas, incluso de diferentes tonalidades y dibujos; por tanto, debemos elegir la que se adecúe más a nuestra presentación, puesto que poner un postre de chocolate en una pizarra negra no captará la atención del cliente. Entre nuestra vajilla podemos encontrar mucha variedad. Las piezas más comunes son las que se muestran en la Figura 7.1.

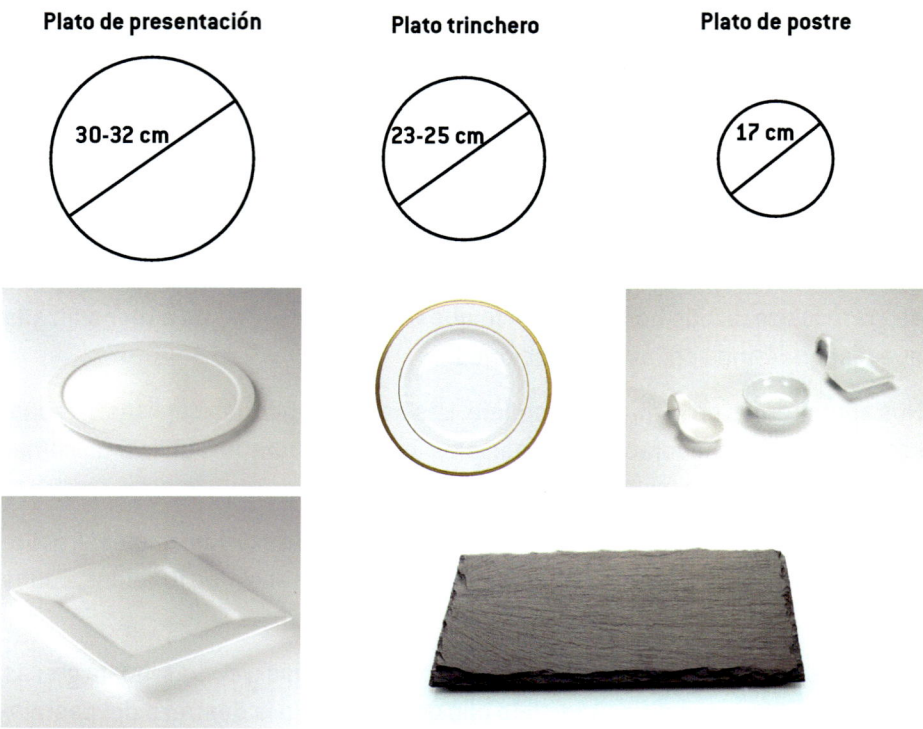

Figura 7.1. Variedades de vajilla para presentaciones de pastelería.

MAPA CONCEPTUAL

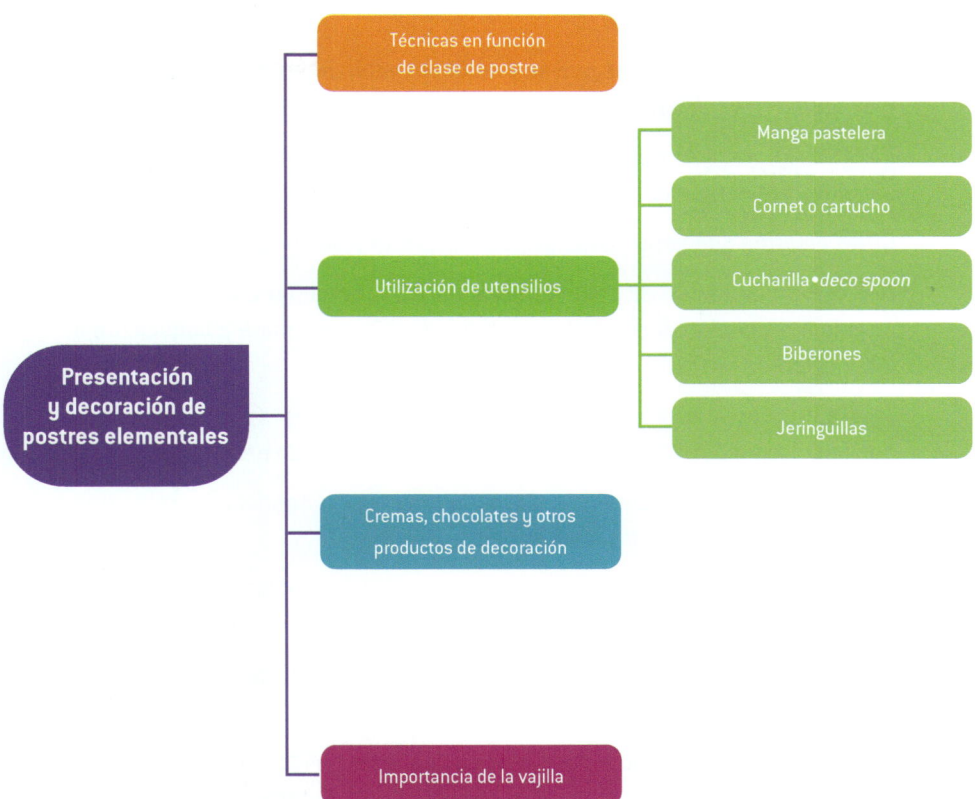

GLOSARIO

BACTERIAS: son patógenos que se producen generalmente en los alimentos y que pueden causar intoxicaciones o infecciones.

CAPACIDAD: volumen que podremos introducir en cada uno de los recipientes o moldes que tengamos en nuestro obrador.

CÓNICA: forma que tiene la manga pastelera, forma de cono.

DESTREZA: habilidad de cada persona para desempeñar una actividad en un trabajo, o cualquier otro tipo de actividad, ya sea de manera consciente o inconsciente.

ÉMBOLO: parte de la jeringa; lo utilizaremos para ayudarnos a expulsar líquidos que hay dentro del tubo de la jeringa ejerciendo la presión necesaria.

ESCUDILLAR: repartir con una manga pastelera en la bandeja de horno una masa de bizcocho o masas azucaradas.

ESCULPIR: acción que realizamos mediante cuchillos o gubias en una pieza de chocolate, pasta de azúcar, hielo o mantequilla para realizar una pieza artística.

ESPÁTULA: utensilio de acero inoxidable que utilizaremos para alisar, mezclar o remover cremas, salsas o rellenos.

FLORES COMESTIBLES: aquellas flores que podemos utilizar para decorar platos tanto salados como dulces y que son actas para el consumo.

LENGUA: espátula flexible de silicona termorresistente que usaremos para mezclar, alisar o remover cremas, salsas o rellenos.

LENGÜETA: pequeña pestaña que tiene la manga pastelera para ayudar a doblarla para rellenarla y para después colgarla durante el posterior secado.

MAZAPÁN: masa de pasta de almendra realizada a base de azúcares y almendra.

PIZARRA: loza que se utiliza para presentaciones en plato. El material de pizarra es de color negro.

TALLAR: acción de cortar frutas mediante cuchillos especiales y gubias.

TENACILLAS: pinzas que se utilizan para cerrar mangas pasteleras y evitar que se derrame la crema o líquido que introducimos dentro.

TINTES COMESTIBLES: colorantes que utilizamos para teñir las diferentes masas, cremas o pastas.

ACTIVIDADES DE COMPROBACIÓN

7.1. Las presentaciones y decoraciones son de vital importancia porque:

a) Dan el sabor a las elaboraciones.

b) Dan la textura a las elaboraciones.

c) Visten las diferentes elaboraciones.

7.2. Que deberá demostrar el maestro pastelero:

a) Su creatividad, experiencia y profesionalidad.

b) Deberá copiar trabajos de otros pasteleros.

c) Copiar, inexperiencia y esfuerzo.

7.3. En las herramientas tendremos en cuenta:

a) Las que son más grandes y nos dejan hacer decoraciones con mayor complejidad y nos dificultan el trabajo.

b) Las que nos retrasan el trabajo y nos dejan hacer las decoraciones menos simples.

c) Las que realmente nos agilizan el trabajo y con las que se consigue un resultado profesional.

7.4. La manga pastelera tiene forma:

a) Redonda.

b) Cónica.

c) Cuadrada.

7.5. Introduciremos la masa o la crema en la manga pastelera:

a) Por la parte más estrecha de la manga pastelera.

b) Por la parte más ancha de la manga pastelera.

c) Por el lateral de la manga pastelera.

7.6. Para comenzar a usar la manga pastelera, esta deberá:

a) Estar utilizada de una crema sin limpiar.

b) Estar mojada para que la crema fluya mejor.

c) Estar correctamente seca y limpia.

7.7. Utilizaremos para rellenar la manga pastelera con la crema o masa:

a) Una espátula o lengua.

b) Un bol o cuenco.

c) Un cazo u olla.

7.8. Llenaremos la manga pastelera un máximo de:

a) 1/4 de su capacidad.

b) 2/4 de su capacidad.

c) 3/4 de su capacidad.

7.9. ¿Qué es un cornet?

a) Es una pluma de escritura.

b) Es un tubo de plástico que se rellena con diferentes cremas.

c) Es una manga pastelera desechable realizada con papel sulfurizado.

7.10. ¿Por qué se caracterizan las cucharillas *decor spoon*?

a) Por estar formadas por un tubo estrecho y un émbolo.

b) Por parecer una pluma de escritura.

c) Son tubos de plástico que se rellenan con diferentes cremas.

7.11. ¿Para qué utilizaremos los buriles?

a) Para tallar, esculpir y dar formas a diferentes masas de azúcar.

b) Para hacer decoraciones con cremas o rellenos.

c) Para hacer fornituras de escrituras con cremas o *coulis*.

7.12. Los baños ¿se utilizan?

a) Para cubrir tartas y postres variados para que tengan un aspecto lustroso, brillante y llamativo.

b) Para rellenar postres para que tengan un aspecto lustroso, llamativo y brillante.

c) Como bases de tartas para que tengan una base más fuerte, jugosa y esponjosa.

7.13. ¿Con los baños podemos?

a) Escarchar con un jarabe de azúcar.

b) Realizar grecas florales.

c) Tapar pequeños defectos.

7.14. ¿Las borduras son?

a) Decoraciones sencillas realizadas con un lácteo.

b) Las de mayor dificultad y con las que se deberá tener mayor destreza.

c) Decoraciones sencillas realizadas con ovoproductos.

7.15. ¿Las materias primas que usaremos para decoraciones de borduras serán?

a) Mantequilla, nata y crema pastelera.

b) Chocolate fundido, *coulis* de frutas o pastas de azúcar.

c) Baños de chocolate, baños de yemas y baños de mantequilla.

7.16. ¿Para realizar las borduras a mano alzada nos facilitarán el trabajo?

a) Las boquillas.

b) Los baños.

c) Las plantillas.

7.17. ¿Podremos escarchar en pastelería?

a) Los corazones de las frutas.

b) Flores comestibles.

c) Chocolate fundido.

7.18. ¿Para realizar las borduras utilizaremos como utensilios específicos?

a) Cornets, lápices y biberones.

b) Grecas, plantillas y guitarras.

c) Boquillas, *petir fours* y *mignardises*.

7.19. **¿Por qué no utilizaremos una pizarra negra para nuestros postres de chocolate?**

a) No captará la atención del cliente.

b) El chocolate no admite el material de la pizarra.

c) Todos los postres de chocolate son redondos y la pizarra rectangular y estéticamente no quedan bien.

7.20. **¿El plato trinchero tiene una medida de diámetro de?**

a) 30-32 cm.

b) 23-25cm.

c) 19-17cm.

ACTIVIDADES APLICACIÓN

7.1. ¿Qué deberá tener en cuenta el maestro pastelero en la decoración?

7.2. ¿Qué nos aportan los utensilios en las decoraciones?

7.3. ¿De qué tipo de materiales pueden ser las mangas pasteleras?

7.4. ¿Cuál es el proceso que debemos seguir para manejar la manga pastelera?

7.5. ¿Por qué deberemos usar papel sulfurizado en el cornet?

7.6. ¿Cómo realizaremos el cornet?

7.7. ¿Qué otros tipos de herramientas encontramos para decorar?

7.8. ¿Qué tipo de baños podemos utilizar?

7.9. ¿Qué son los escarchados?

7.10. ¿Qué son las borduras y con qué las realizamos?

ACTIVIDADES AMPLIACIÓN

7.1. Busca otros utensilios básicos que podamos utilizar para realizar decoraciones que están marcando tendencia y realiza un mural.

7.2. Realiza tres postres con tres decoraciones distintas cambiando las boquillas con la misma crema y haciendo diferentes fornituras para generar distintas decoraciones.

7.3. Cubre tres postres con tres baños diferentes. Realiza la decoración con cucharillas *deco spoon* o cornets con glasa real o glasa de agua y practicando diferentes borduras.

7.4. Elabora un bufé de postres minimalista o de autor realizando sus decoraciones con pastas de *fondant* con diferentes colores y formas.

7.5. Utiliza biberones para realizar decoraciones con chocolate fundido en tartas practicando diferentes borduras.

CASOS PRÁCTICOS

7.1. Realiza dos tartas de chocolate donde su decoración sea con gotas de chocolate y telas de araña.

7.2. Ejecuta minitartas tradicionales y realiza decoraciones creativas con borduras y escarchados utilizando flores comestibles.